목소리로
어필하라

목소리로
어필하라

한국경제신문*i*

외모를 이기는
최고의 매력 자본,
목소리

나도, 나를 모른다

"자신의 목소리가 어떻다고 생각하세요?"

이런 질문을 던지면 100명 중 99명은 곰곰 생각하다가 안 좋은 얘기부터 먼저 풀어놓는다.

"가냘프고, 너무 높아요."

"비음이 심하고, 발음이 부정확해요."

"약간 허스키하고 가래 낀 소리 같기도 하고, 소리가 갈라져요."

"남들은 곱다고 하는데 너무 작고, 힘이 없어요."

"너무 울려서 발음이 명확히 전달이 안 되는 것 같아요."

"아기 소리 같고, 사람들이 집중을 잘 안 해요."

"사람들이 피곤하게 들린다고 해요."

"친한 친구들과 수다 떨 땐 괜찮은데 앞에만 나가면 염소처럼 떨

려요. 창피해서 정말 앞에 나가기 싫어요."

사투리, 억양, 발음, 허스키, 작거나 떨리는 목소리, 힘없는 목소리, 가래 낀 목소리, 쉰 소리, 비음, 고음, 기어들어 가는 목소리, 사나운 목소리, 화난 목소리….

누구나 하나쯤은 가지고 있는 목소리 문제다.

그나마 운이 좋으면 하나지만 대부분 복합적인 문제를 가지고 있다. 평소에는 고음에 사나운 목소리를 가진 사람이 대중 앞에만 서면 쉰 소리에 떨리는 목소리로 변한다든가 사투리가 심한데 감정에 따라 쉰 소리 비음까지 섞여 나오는 등 목소리의 문제는 하나로 정의되지 않는다. 당연히 이런 일이 반복될수록 당사자는 위축된다.

워낙 오랜 시간 동안 내 것이려니 하고 살아와서 크게 인지하지 못하고 있는 경우도 많지만 대부분 자신의 목소리를 제대로 파악할 기회를 갖지 못한 경우가 많다. 위에서 말한 문제 외에도 다양하게 존재하는 문제들을 문제인지 모른 채 안고 살아가는 것이다.

사실 나도 내 목소리를 별로 좋아하지 않았다. 오히려 끔찍하다고 생각한 적도 많았다.

명색이 아나운서였지만 초창기엔 정말 쥐구멍에라도 들어가고 싶은 때가 많았다.

대다수 사람은 스피커를 통해 나오는 자신의 목소리를 들으면 낯설어 하거나 심한 경우 소름 끼쳐 하기도 한다. 간혹 내 목소리가 맞냐고 되묻는 사람도 많다. 그동안 말하는 것만 신경 썼지 들리는 자신의 목소리에 대해선 신경을 안 써왔기 때문이다. 그러다가 자신의 목소리를 내야 하는 상황이 오고 새삼스레 목소리에 귀를 기울이면서 단점을 알게 되는 것이다. 그때부터 불만과 불평이 시작된다.

"대체, 내 목소리는 왜 이러지?"

하지만 십수 년을 목소리 트레이닝과 스피치 트레이닝을 하면서 깨달은 진리가 하나 있다. 바로 모든 목소리는 아름답다는 것이다.

다만 자기 안에 얼마나 아름다운 소리가 있는지 아직 찾지 못했을 뿐이다. 자기에게 어울리는 목소리를 낼 때가 정말 아름다운데 그 소리를 찾지 못해 거슬리는 소리로 들리는 것이다.

그러면 자기 소리란 무엇일까?

바로 자기 몸을 울려 나오는 차분하면서도 깊이 있는 소리다. 다시 말해 진정성 있는 목소리를 말한다. 이런 진정성 있는 목소리는 듣는 사람을 숙연하게 하고 바로 감동받게 한다. 숨겨졌던 소리를 찾았을 때, 본인은 물론 타인도 큰 감동을 받곤 한다.

그래서일까, 나는 수업을 하다 종종 울고 만다. 울보라서가 아니라 그 사람의 진정성을 보게 되는 순간 나도 모르게 눈물이 터져 나오고 마는 것이다.

가끔 영화나 예능 프로그램을 보면 한 목표를 향해 달려왔던 오합지졸 혹은 능력 부족이었던 사람들이 자신들이 만들어낸 결과물 앞에서 한없이 눈물을 쏟는 것을 볼 수 있다. 그리고 우리는 그럴 때 그들의 마음에 한껏 박수를 보내며 함께 기쁨의 눈물을 흘리곤

한다. 수업 때 나오는 눈물 역시 마찬가지다.

진정성은 간절함에서 나오게 된다.

간절함의 또 다른 말은 끝없는 노력이다.

자신의 길을 개척하기 위해 간절하게 노력하는 사람들이 어색함을 이기고 자기 소리를 찾기 위해 입을 벌리고 펜을 문다. 한 번도 쓰지 않았던 얼굴 근육을 움직이고 발음 교정을 한다. 그렇게 치열한 시간 끝에 비로소 자신의 소리를 찾아내는 순간, 누가 먼저랄 것도 없이 '아, 이게 진짜 소리구나'를 느끼게 된다. 학생도 나도 눈시울이 붉어지는 순간이다.

그리고 그 순간부터 그 학생의 스피치는 확연하게 달라진다. 내가 스피치 교육을 하는 이유는 바로 이것 때문이다.

목소리는 그 사람을 나타내는 대표적인 무기다. '나'라는 사람에 대한 스토리를 담아내는 그릇이 돼주기도 한다. 아무리 가진 재능과 스토리가 멋지더라도 담아내는 그릇이 불안하고 무기가 녹슬어 있으면 아무 소용이 없다.

바로 그 작업을 많은 사람에게 알리고 싶어 이 책을 쓰게 됐다.

특히나 부산에 있는 정보영스피치센터는 사투리가 가장 심하다는 경상도 사람들을 만 14년 동안 몇백 명이나 아나운서, 방송인으로 만들어내며 명실상부한 스피치 전문학원으로 거듭났다. 일반 면접대비반의 경우도 1차 서류가 통과된 경우엔 최종합격률 95% 이상을 보이는 등, 방송지망생이 아닌 일반인들에게 이런 아나운서교육을 했을 때 합격률은 정말 놀라울 정도였다. 최근 들어 아나테이너라는 말이 만들어질 정도로 편안하게 진행하는 아나운서들이 늘어나면서 굳이 옛날 방식대로 스피치를 배워야 하냐는 질문을 자주 받는다. 그렇게 배울 필요가 없다는 얘기도 들려온다. 트렌드 자체가 친근하고 편안하게 진행하는 것이기는 하지만 잊지 말아야 할 본질은 단 하나,

'제대로 전달되고 있는가?'다.

아나운서, MC, 각종 캐스터, 리포터, 쇼호스트의 첫 번째 역할은 전달이다. 자연스러움이 트렌드라고 해서 그들이 하는 말이 제대로 들리지 않거나 전달되지 않는다면 무슨 소용일까?

바꿔 말하면, 말을 제대로 전달하고 싶으면 내 목소리를 찾아 제대로 전달하는 법을 알아야 한다는 것과 같다. '아나운서가 될 것도 아닌데 왜?' 혹은 '이 나이에 굳이?'라고 생각하고 있다면 얼른 생각을 바꿔야 한다. 제대로 말하는 법을 배운다는 것은 내 메시지를 확실하게 전달하는 방법을 익히는 것과 같다. 직업의 문제가 아닌 자존의 문제인 셈이다.

그러니 이제 망설이지 말고 자신이 가진 멋진 목소리를 찾아 담아내도록 하자. 내 이야기를 나만의 목소리로 담아내는 것, 상상만 해도 가슴 떨리지 않는가?

얼마나 멋진 예술작품이 될지!

한번 제대로 시작해보자.

이미지는 목소리로 결정된다

처음 사람을 만나고 딱 3초, 그 시간 동안 파악할 수 있는 것들은 뭐가 있을까?

그 사람의 학벌? 집안? 재산 정도? 인격? 성격? 우리가 사람을 만나고 교제를 하면서 중요하게 생각하는 이런 요소는 첫 만남에서 알 수 없는 것들이다. 이른바 정보에 관련된 것을 알 도리는 없지만, 상대방의 눈빛과 목소리를 통해 대략적인 느낌을 받는 것은 가능하다. 이게 우리가 말하는 첫인상이다.

한 결혼정보회사의 통계에 따르면 여자들이 보는 남자의 매력 포인트 중 첫 번째는 목소리로 58%, 두 번째가 떡 벌어진 어깨로 22%를 차지했다.

'얼마나 남자다워 보이는가? 믿음이 가는가?'를 단적으로 체크해볼 수 있는 바로미터가 바로 목소리와 어깨, 즉 보이는 이미지와 들리는 목소리에 관련 있다.

또한 남자가 보는 여자의 매력포인트 중 첫 번째도 역시 목소리로 32%를 차지했으며, 두 번째는 키로 29%, 세 번째가 미소로 24%를 차지했다고 한다. 누군가에게 호감을 사는 데 결정적인 것은 보이는 이미지지만 결정적인 신뢰감을 얻는 데는 목소리가 제일 중요하다는 것을 단적으로 보여주는 좋은 예라 할 수 있다.

사실 결혼을 위해 누군가를 만나는 자리가 어떤 자리인가? 한번 만나 즐겁게 차 마시고 얘기하는 가벼운 자리가 아니라 자신의 평생을 맡길 반려자를 고르고 찾는 아주 신중한 자리다. 이 자리에서 가장 중요한 것은 내 인생을 맡겨도 충분할 만큼 정말 믿을 만한 사람인지, 함께 평생을 살아갈 수 있는 사람인지에 대한 신뢰감을 보는 자리지 않은가? 그렇기에 그 사람이 갖춘 학벌, 배경, 능력, 성격, 가족관계 등 소개해주는 사람의 말로만 들었던 모든 것을 단숨에 확인해야 한다. 그리고 그 확인은 다른 것이 아니라 그 사람이 하는 말, 말투, 말의 전달력, 목소리의 음색, 뉘앙스 등 목소리다. 어찌 보면 진위를 가리는 데 가장 중요한 것은 바로 목소리란 얘기다.

　미국 사회심리학자인 앨버트 메라비언 교수에 의하면 말의 내용이 전달되는 데 가장 중요한 것은 첫째, 목소리로 청각적인 요소가 38%를 차지했다. 목소리의 좋고 나쁨도 속하겠지만 발음의 정도, 목소리의 크기, 말의 유창성, 사투리 등이 여기에 포함될 것이다.

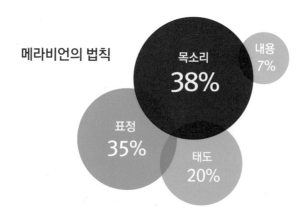

메라비언의 법칙

목소리 38%
내용 7%
표정 35%
태도 20%

두 번째가 표정으로 35%를 차지해 첫인상이 얼마나 중요한지를 보여준다. 말하는 내내 그 사람이 어떤 표정이냐에 따라 진정성과 실력, 가능성을 볼 수 있다.

세 번째가 태도로 20%를 차지했다. 옷매무새부터 걸음걸이, 앉아 있는 자세, 손발의 움직임에서 느끼는 긴장의 정도 등 태도 역시 많은 것을 전하고 있다. 그리고 마지막으로 말의 내용이 7%를 차지했다.

참 아이러니하지 않은가? 말의 내용은 7% 정도밖에 전달이 안 되고 그 외에 목소리, 표정, 태도가 더 중요하다는 것이 말이다.

바로 이런 이유 때문에 우리는 그렇게 많은 시행착오를 겪어왔는지도 모른다.

'세상에 내 진심을 알아주는 사람이 없어'라고 말이다. 진심은 얘기했는데 그 진심을 전하는 목소리, 표정, 태도가 문제였다는 것이다.

특히 그중에서도 목소리!

당당하면서도 믿음직한, 진정성이 드러나는 목소리만 가졌어도 벌써 다른 세상에 살고 있을지도 모르는데 말이다.

바로 이 이론이 그 유명한 메라비언의 법칙이다. 모두가 비슷하게 꾸미고 오는 면접 상황을 떠올리면 이해가 쉬울 것이다. 면접 의상, 면접 메이크업, 면접 헤어라는 말이 있을 정도로 모두 획일화된 상황에서 눈여겨보지 않았는데 목소리가 명확하게 들리고 신뢰감 있게 들린다면 사람들은 멈칫하면서 다시 보게 된다. 그러곤 찬찬히 다시 뜯어본다. 면접관들도 마찬가지다. 비슷한 모습에 지쳐있을 때쯤 귀에 딱 꽂히는 목소리가 들리게 되면 '이 사람 뭐지? 어떤 사람인데 이렇게 명확하고 확신 있게 얘기하지?' 하면서 그 사람에 대해 찾아보기 시작하고 그 사람이 제출한 서류를 다시 꼼꼼히 훑어보게 된다. 이 말인즉슨 목소리가 상대의 마음을 사로잡는 결정적인 역할을 한다는 것이다.

이렇게 목소리는 사적인 만남뿐 아니라 면접이나 중요한 비즈니스로 만나는 모든 사람과의 관계에서 보이는 외모보다 더 중요한 요소로 작용한다.

면접, 어렵지만 쉬운 길은 분명 있다

면접 이야기가 나온 김에 조금 더 면접에 관련한 얘기를 해볼까 한다.

뒤에 실전 연습에 가면 좀 더 구체적으로 나올 테니 여기서는 간단하게 면접에 있어 가장 중요한 요소와 면접을 위해 준비해야 할 기본기 정도만 짚고 넘어가려 한다.

사실 십여 년 전까지만 해도 면접은 이미 서류상으로 어느 정도 통과된 사람들이 한번 얼굴 비치고 자신에 대해 직접 설명하는 자리 그 이상은 아니었다. 하지만 평생직장이라는 말이 점점 사라지고 직장이 아닌 직업, 그리고 개인이 하나의 브랜드가 되는 사회가 되면서 나이와 경력, 분야에 상관없이 면접이 무척 중요해졌다.

최근 들어서는 오직 개인이 가진 능력과 실력을 투명하게 평가받을 수 있는 소위 블라인드 면접이 각광받고 있는데 이 때문에 나를 표현하는 방법을 더 치열하게 익히고 개발해야 한다.

특히 지원자들이 몰리는 곳에서는 아예 인터넷 지원에서부터 동영상으로 자기를 소개하는 지원서를 받기도 한다. 그러다 보니 번지점프를 하면서 자신의 패기를 말하는 사람, 제주 유채꽃밭까지 가서 지원 영상을 찍은 승무원 지원자 등 톡톡 튀는 기획들이 나온다. 하지만 길어야 3분, 짧으면 1분 내외의 동영상에서 자신을 확실하게 부각시키는 것은 자극적인 배경이나 시각적 요소가 아닌 '회사에서 꼭 필요로 할 인재'라는 확신을 줄 눈빛과 말투 그리고 이를 담아내는 목소리다. 이를 위한 자기소개법, 면접 준비법, 그리고 대기업과는 좀 다른 스타트업을 위한 피칭 기법, 프레젠테이션 발표 기법 등은 중간중간 설명할 예정이다. 여기서는 일단 가장 기본인 목소리와 말투에 대해서만 한 번 더 짚고 넘어가도록 하겠다.

지원자에 대한 정보가 별로 없는 블라인드 면접의 경우, 조금 과장되게 얘기하면 '첫 문장'에서 어느 정도 당락이 결정된다. 첫마디의 목소리가 심사위원들의 귀를 번쩍 뜨이게 하면 그 이후 시간을 집중시킬 수 있지만, 그렇지 않으면 주어진 시간 자체가 흐지부지 날아가 버리게 되는 까닭이다. 그래서 본 책에서는 연습하는 과정을 계속 동영상으로 찍어서 확인하게끔 하고 있다. 아무리 내가 자연스럽게 잘하는 것 같아도 카메라를 통해 담긴 모습은 상상과는 전혀 다르기 때문이다. 거울을 보며 웃고, 웃으면서 말하고, 소리를 던지는 훈련들이 그래서 필요하다. 하루아침에 되는 것도 아니고 상상으로 연습한다 해서 해결이 되는 것도 아니다. 말투 역시 부단한 연습으로 근본부터 바꿔야 실제 상황에서도 원래 내 것이었던 양 자연스레 구사할 수 있게 된다. 특히 중저음의 탄력 있는 목소리, 즉 신뢰를 줄 수 있는 목소리를 만드는 것은 내가 가지고 있는 약점을 극복하고 장점을 부각시키며 연습하고 또 연습해서 진짜 내 것으로 만들어야 한다. 언제 어느 때이건 자연스레 나올 수 있게끔 연습을 해야 실제 면접 현장에서 표정, 행동과 어우러져 본연의 내 모습을 드러낼 수 있기 때문이다.

내가 곧 미디어인 1인 미디어시대에서의 목소리

불과 몇 년 전만 해도 텔레비전에 나오려면 참기름 바른 듯 매끈하고 예뻐야 하고 배우를 하려면 8등신에 쭉쭉빵빵, 눈코입이 과연 저 얼굴에 다 들어갈 수 있는 걸까 싶을 정도로 작은 얼굴이 기본이었지만 지금은 그렇지 않다. 각각 자기가 가진 다른 매력이 자본이 되고 그 자본이 빛을 발하는 시대가 도래한 것이다. 그리고 대중들은 그런 자본을 가진 사람들에게 열광한다. 천만 요정, 츤데레, 볼매, ~블리 등은 예전처럼 그저 예쁘고 늘씬한, 누가 봐도 예쁜 것에서 매력의 범위가 넓어진 후에 만들어진 말이다.

그런데 혹시 이런 매력이 나는 눈 씻고 찾아봐도 없다고 생각하는가? 그거야말로 정말 큰 오해다. 아파트가 없는 사람은 많다. 차 없는 사람도 많다. 직업이 없을 수도 있다. 하지만 이 매력 자본은 누구에게나 있다. 매력 자본이 절대다수의 대중에게 먹히건 딱 한 사람에게만 힘을 발휘하건 상관없다. 중요한 건 그게 당신의 '매력'이라는 사실이다.

이미 다양한 사람들이 이 매력을 통해 자신의 가치를 증명하고 있다. 1인 콘텐츠 시장이 가장 대표적인데 이 말조차 어색하지 않을 정도로 이제 1인으로 시작되는 콘텐츠가 흔한 시대가 왔다. 누구나 마음만 먹으면 스스로 콘텐츠를 개발해서 방송할 수 있고 그 콘텐츠를 다양한 방법으로 풀어낼 수도 있는 시대다. 아프리카 TV, 유튜브 및 각종 SNS를 기반으로 한 1인 방송 스타들이 몇 년 전부터 배출되고 있고 여러 마케팅 전문가들 역시 '앞으로의 홍보 마케팅은 다채널을 통한 방송, 동영상 형태'가 될 것이라고 전망한다.

그렇다면 대중에게 영향을 줄 수 있는 자신의 매력 자본은 어떻게 찾아야 하는 걸까?

가장 단순하게는 극단적이고 자극적인 행위와 결과물을 생각하기가 쉽다. 이미 수많은 사람이 자신의 신체를 상하게 하면서, 혹은 무리한 공약을 걸면서 하고 있기 때문이다. 하지만 이건 단순히 관심 끌기일 뿐 진정한 매력 자본의 구축은 될 수 없다.

그리고 미디어를 통해 보이는 것만이 아닌 일상에서도 나는 '나'

라는 브랜드의 대표가 된다. 내가 누군가를 만나서 처음 소개하는 인사를 할 때, 그 장면이 글처럼 풀어질까 아니면 그림처럼, 사진처럼 한 순간으로 찍힐까?

당연히 공감각적인 동영상으로 상대에게 보일 것이다.

천천히 걸어가느냐 아니면 빠르게 걸어가느냐, 눈빛이 흔들리느냐 딱 고정돼있느냐, 손은 축 처져서 덜렁거리느냐 아니면 적당한 각도로 흔들릴 것이냐……. 나도 그렇지만 상대 역시 나의 일거수일투족을 스캔하며 꼼꼼하게 분석하고 살펴본다. 그렇게 첫인상도 만들고 상대에 대한 정보도 수집하게 된다.

즉, 우리가 굳이 카메라 앞에 서지 않아도 생활하는 모든 순간이 '미디어 노출'이라고 받아들일 수 있다. 이를 현실에 반영하면 중요한 자리에서는 '누군가가 나를 360도로 찍고 있다'는 생각을 해보면 좋다. 일단 생각을 하는 것만으로도 허리가 펴지고 다리는 조금 모일 것이다. 건들거리던 팔도 제자리를 찾고 시선은 바로, 눈빛은 형형하게 살아날 것이다.

몸에 긴장을 준다는 것은 나를 바로 세우는 첫 단계다. 몸을 세우고 나면 그다음에는 말을 시작하게 되는데 이때도 누군가 나를 360도로 찍고 있다는 생각을 가지게 되면 목소리에서부터 톤, 세기와 빠르기, 발음까지 하나하나 신경을 쓰게 된다. 그리고 가장 중요한 '진심'을 담게 된다. 360도로 찍는 그 어딘가, 그 누구에게 내 마음을 진실로 전달하고자 하는 의지가 마음속에 담기는 까닭이다.

그래서 내가 가끔 하는 말이 있다. 바로 "CEO는 뒤통수에서도 메시지가 느껴져야 한다"는 것이다. 180도 뒤에서 봐도 말하고자 하는 것이 느껴지려면 이처럼 진심을 담고 나를 보고 있는 눈 하나하나가 카메라라는 생각을 가져야 한다. 굳이 방송에 나가지 않아도 우리는 이미 수많은 카메라(눈)에 비치고 있는 또 다른 미디어, 바로 '나'라는 미디어를 통해 타인에게 노출된다. 그리고 이 미디어에서 힘을 발휘하는 것은 다름 아닌 내가 가진 매력 자본이다.

매력 자본이 더 농밀해지고 의미 있으려면 소위 내공 쌓기의 노력도 필요하다.

클레오파트라가 미모로 권력을 유지한 것이 아니라 오랜 시간 공부해온 다양한 외국어와 지식, 교양으로 카이사르를 유혹한 것처럼 혹은 자신이 관심 있는 분야에 오래 투자한 블로거들이 전문인 못지않게 지식을 뽐내는 것처럼 나만의 전문 분야를 만들어 깊은 내공을 만들어야 한다. 그리고 이 내공은 목소리를 통해서 비로소 밖으로 바르게 뻗어 나갈 수 있다. 나를 표현하고 나의 장점을 극대화시킨 목소리. 바로 '나 주식회사'의 대표성이 되는 것이다.

목소리에 그림도 음악도 다 있다

나를 드러낸다는 것은 다시 말해 목소리를 통해 단순히 사실만을 전달하는 데 그치지 않는다는 말과도 같다. 우리가 목소리를 내는 것은 누군가가 내가 낸 목소리를 들어주고 그 안에 담긴 스토리를 들어주기 위한 것이다.

그렇다면 잘 듣는다는 것은 무엇일까?

그냥 귀만 활짝 열고 있으면 잘 듣는 걸까?

아니다. 앞서 말했듯 말의 목적은 전달이다. 전달의 완성은 상대방의 변화다. 내가 무언가를 전달해서 상대방이 변하게 하는 것, 그것이 커뮤니케이션의 본질이다.

그냥 귀만 열고 듣는 것은 경청이 아니다. 상대가 의도하는 것을 파악하기 위한 노력 역시 기울여야 한다. 그리고 우리는 이미 본능적으로 '잘 듣기'를 하고 있다. 아니, 소리로 들리지 않아도 마음으로 듣는 것까지도 하고 있다.

만약 당신이 누군가에게 "무슨 일 있어?"라는 질문을 해본 적이 있거나 누군가가 당신에게 "기분 안 좋은 일 있어?"라고 물어본 적이 있다면 이미 이런 경험을 한 적이 있는 것이다. 내가 하고 싶은 이야기, 내 감정이 목소리에 실리고 행동에 실려 상대방에게 이미 전달이 된 것이다. 목소리가 상황을 그려준 셈이다.

우리의 기분이 좋지 않을 때, 기쁠 때 목소리는 자기도 모르게 변하게 된다. 무겁게 가라앉기도 하고 격양돼 떨리기도 한다. 높은 톤으로 올라가기도, 기어들어 가듯 작아지기도 한다. 그리고 상대방은 그 목소리를 통해 현재 나의 상태를 가늠하게 된다. 아무리 당당한 얼굴을 하고 들어가도 면접관이 '아, 지금 이 사람이 떨고 있구나'를 알 수 있다든가, 활짝 웃고 있어도 '아 지금 화가 무척 났구나'

라고 깨달을 수 있는 것이 다 이 목소리가 그리는 그림 때문이다. 어두운 목소리는 상대방에게 위압감을 주고 부정적인 감정을 가지게끔 한다. 반대로 밝은 목소리는 에너지를 주고 상대방을 기분 좋게 만든다. 면접관에게 건네는 첫마디인 "안녕하십니까"가 외모를 넘는 경쟁력을 만들기에 무엇보다 첫인사는 중요하다.

그렇다면 왜 목소리가 이런 감정 전달 능력까지 가지게 된 것일까?

바로 목소리의 근간이 호흡에 있기 때문이다. 목소리는 기본적으로 호흡 에너지를 통해 만들어진다. 호흡은 사람이 살아가는 데 있어 가장 근간이 되는 것이다. 오죽하면 죽음의 또 다른 말이 '숨이 끊어지다'일까. 호흡이 바르지 못하면 신체 건강이 흐트러지듯 호흡을 통해 제대로 발성하고 발음하지 못하면 목소리 역시 무너지게 된다. 호흡이 가빠지면 자연히 말도 뚝뚝 끊게 되고 호흡이 무너지면 발음이나 전달력도 함께 망가진다.

뮤지컬이나 오페라의 한 장면을 떠올려보자.

마이크 쓴 것을 감안하더라도 한 사람의 목소리가 멀리까지 정확하게 전달된다는 것에 분명 감동받은 적이 있을 것이다. 그것도 그냥 말하는 것도 아니고 노래에 가사를 얹어 말하는 것인데 무슨 말인지 또박또박 들리는 것이 때로는 놀랍기까지 하다. 그리고 그들이 담아내는 강약고저에서 우리는 충분히 감정까지 전달받는다. 때로는 애절하고 때로는 행복과 분노, 절망까지 고스란히 전달받고 그 전달은 곧 우리에게 감동으로 다가오게 된다.

이처럼 목소리는 우리의 감정 상태를 그대로 반영하고 우리의 감정 상태에 따라 호흡이 달라지기에 목소리 트레이닝에서 가장 중요한 것은 호흡법이다. 자신의 감정 상태에 흔들리지 않는 호흡법을 공부해야 탄탄한 목소리, 안정된 목소리로 자신이 추구하는 목적을 이룰 수 있는 것이다. 그렇기에 이 책에서는 앞으로 호흡에 대해 자세히 익힐 것이다.

그럼 가장 좋은 목소리는 어떤 소리일까?

한마디로 '공기 반 소리 반'이다. 웃을지 모르겠지만 〈K팝 스타〉에서 심사위원이었던 박진영이 얘기했던 바로 그 말이다. 공기 반 소리 반은 쉽게 말하면 호흡이 나올 때 그 호흡에 소리를 얹어 말하는 것이다. 그런데 대부분의 목소리가 좋지 않다는 사람들은 공기를 채우지 않고 목만 쥐어짜면서 말한다. 마치 고음으로 노래할 때 음치들이 주로 하는 목만 쥐어짜서 찢어지는 소리가 나는 고음불가 소리가 난다. 반면에 목소리에 공기가 섞이면 목소리는 부드러워지고 편안해지고 신뢰감이 묻어나게 된다.

여러분도 갖고 싶지 않은가?

바로 그 소리를 공부하게 될 것이다.

목소리를 완성하는 결정적인 요소, 표정

목소리를 좋게 만드는 요소에는 여러 가지가 있는데 그중 제일 먼저 꼽아야 할 중요 요소가 바로 표정이다.

목소리는 일종의 준언어다. 준언어는 소리의 고저, 속도, 톤으로 규정되는데 여기에는 늘 감정이 숨게 된다. 나이와 성격, 지위, 표정까지도 목소리에서 충분히 읽힐 수 있다는 말과도 같다.

미소를 지으며 말하게 되면 성대에서 입술, 콧구멍까지가 짧아져서 공명이 올라간다. 자연스레 목소리는 밝아지고 밝은 목소리에서는 우아함, 온화함, 풍부한 감수성 등을 전달받을 수 있다. 반면 미소를 지우고 말하게 되면 공명은 줄고 정확한 발음과 중저음의 목소리가 나게 된다. 아나운서가 뉴스를 전할 때 환하게 웃으며 전하는 것을 본 적 있는가? 대부분 무표정에 가까운 얼굴로 중저음, 정확한 발음으로 말을 한다. 이는 아나운서의 본분이 정확한 정보 전달이기 때문이다. 반면에 같은 아나운서라도 예능에서 말을 할 때는 그 톤이 한결 밝아지고 통통 튀게 느껴진다. 입꼬리에 미소를 머금고 밝은 얼굴로 말하게 되면 자연스레 톤도 올라가고 전달되는 것이 정보 위주에서 감성 위주로 바뀌게 되기 때문이다.

여기에 두 번째 요소인 눈빛이 더해진다. 목소리와 눈빛이 관련 있다고 하면 한 번에 확 와닿지 않을 수도 있지만, 눈빛이야말로 우리의 마음이 담겨 나오는 곳이기 때문에 살아있는 눈빛을 만들면 바로 그 마음이 담기면서 목소리가 달라진다. 특히 앞에 나와서 발표를 해야 할 때 눈빛부터 가다듬으면 일단 청중의 집중도가 달라지는 것을 느낄 수 있다. 그만큼 눈빛이 중요하다.

세 번째 요소는 말투인데 이 역시 정말 중요하다. 똑똑 끊어지는 단문을 빠르게 말하는 것보다는 리드미컬하게, 웃음이 살짝 배어 있는 목소리로 밝게 얘기하는 것이 중요하다. 강조해야 할 부분은 조금 눌러서 지그시 얘기해주고 어미 처리는 뭉개지지 않게 해야 한다. 그래서 바로 이 말투 때문에 기분이 좋아질 때도 있지만 어떨 때는 이 말투 때문에 본의 아니게 언성이 높아지는 경우도 있다. 미안하다는 뜻으로 한 말이지만 정말 얄밉고 화가 나서 한 대 콱 쥐어박고 싶을 때도 있다. 말은 미안하다고 하면서 전혀 미안한 기색이 없을 때, 바로 말투에서 느껴지는 뉘앙스의 문제다. 또 말끝을 길게 늘이며 늘어지게 말하는 경우들이 있다. 주로 젊은 여성한테서 많이 볼 수 있는 말투인데 프로페셔널해 보이지 않으니 문장은 잘 끊어서 읽고 마무리해줘야 한다.

이렇게 인상을 다듬고 목소리를 만든 후에는 태도를 더해야 한다. 몸짓 언어라는 말이 있을 정도로 태도는 많은 스토리를 담고 있고 전달해준다.

인터넷에 떠도는 그림 중에 〈개와 고양이의 태도에서 읽을 수 있는 언어〉라는 것이 있다.

똑같이 꼬리를 번쩍 들어 올렸지만 개에게는 살랑거리며 반갑다는 의미고, 고양이는 적을 만나 긴장한 것이라고 한다. 그 외에도 개가 귀를 접거나 꼬리를 다리 사이에 집어넣거나, 배를 보이며 눕는 것, 아니면 등에 털을 세우는 것 등 개의 태도에서 읽어낼 수 있는 상태는 정말 다양하다.

그런데 이런 태도에서 읽히는 상태가 비단 개만의 것일까? 아니다. 사람도 똑같다.

아마 자라면서 엄마나 선생님께 이런 말 한 번씩은 다 들어봤을 것이다.

"너, 태도가 그게 뭐야?"

그리고 이런 말도 들어본 적이 있을 것이다.

"눈을 왜 그렇게 뜨고 봐?"

이쯤 되면 개나 고양이뿐 아니라 사람도 태도로 충분히 모든 이야기를 하고 있는 게 아닐까 싶다.

만약 당신이 면접을 보러 간다고 가정을 해보자.

면접장에 들어갈 때 어깨를 축 늘어트리고 앞으로 살짝 굽힌 채 고개는 살짝 거북이처럼 빼고 두리번거리며 들어간다면, 면접관들이 어떤 첫인상을 가지게 될까? 아니, 당신의 태도가 말하고 있는 문장은 무엇일까?

아마도 '여긴 제가 오기에는 너무 큰 회사 같아요. 영 자신이 없네요. 뽑아주셔도 잘할 수 있을지는 모르겠어요…'라는 게 아닐까? 반면에 어깨를 딱 펴고 허리는 곧게 세우고 입가에는 살짝 미소를, 눈은 반짝이며 적당한 보폭으로 걸어 들어가는 모습에서는 어떤 문장이 읽힐까?

아마 '저는 준비가 다 돼있어요. 어떤 것을 물어보시든 간에 성실하게 대답할 준비가 돼있습니다. 자신 있거든요'라는 몸의 언어가 읽힐 것이다. 그다음에 나올 목소리에 정확하게 메시지를 담고 있다면 그 면접은 당연히 성공이다. 이는 당신의 태도 하나하나가 이야기를 구성하고 있다는 말이다. 간단하게는 지하철에 앉아 멀리서 다가오는 구걸꾼을 봤을 때 눈을 감고 자는 척을 하는 것도 태도의 스토리텔링이라 할 수 있다. 한마디로 '나 자니까 건드리지 마'라는 것이다. 더 나아가서는 무릎을 꿇는다든가 두 손을 꼭 맞잡아 쥐는 것도 간절하고 애타는 마음을 나타내는 신체 언어다.

커뮤니케이션이 잘되는 사람은 이 제스처라고 불리는 신체 언어를 잘 활용하는 사람이다. 태도가 가진 스토리텔링의 힘을 알고 있는 셈이다. 이 스토리텔링을 익히기 위해서는 우선 내가 어떤 제스처, 어떤 눈빛, 어떤 자세로 말을 하는지를 알아야 한다. 카메라 동영상을 틀어놓고 혼자 한번 최대한 자연스럽게 찍어보는 것도 도움이 되고, 누군가와 대화를 할 때 제3자에게 찍어달라고 부탁을 해보는 것도 방법이다. 아니면 주변의 스피치, 커뮤니케이션 학원 등에서 1일 체크 코스를 한번 들어보는 것도 좋다. 대부분 아나운서나 방송 MC는 이렇게 스스로를 모니터링한다. 남에게 보이는 모습을 한 번씩 보는 것이 자신의 목소리, 태도를 파악하는 데 도움을 주기 때문이다.

아나운서라서 말해줄 수 있는 것들

나 역시 이런 과정들을 거쳐왔다. 아나운서 출신이기 때문이다.

솔직히 아나운서가 되기 전까지는 목소리의 중요성도 목소리가 스피치에 미치는 영향력도 별로 생각해본 적이 없었다. 그래서 아나운서 역시 남들보다 조금 더 말을 정확하게 하는 사람 정도라고 막연하게 생각했다. 그런데 정작 아나운서가 되고 나니 그게 아니었다. 말만큼 중요한 게 없고, 그 말을 실어나르는 목소리만큼 귀한 것이 없었다.

말은 습관이고, 문화다. 그리고 그 사람의 인격이기도 하다. 한가지 다행스러운 것은 목소리도 화술도 만들어가고 다듬어갈 수있다는 것이다. 흔히들 말은 인격이라고 한다. 하지만 나는 말이 국격까지도 만든다고 생각한다. 세대 간의 소통이 제대로 되지 않는 이유 중 하나는 각 세대가 쓰는 언어가 다르기 때문이다. 젊은 이들이 쓰는 말을 기성세대가 알아듣지 못한다. 지역 간 소통도 마찬가지다. 즉 표준적으로 제대로 구사하지 못하는 말은 개인의 인격을 넘어 결국 커뮤니케이션의 문제를 가져오게 된다. 결국 고운 말을 제대로 구사하는 것이 대한민국 전체의 커뮤니케이션을 이끌고 더불어 이를 통한 국격 상승까지 견인하게 되는 셈이다.

가끔 해외 토픽 등에서 외국 대통령이 말하는 것을 보게 된다.

제스처를 섞어가며 표정을 풍부하게 쓰고 말에 강약과 고저를 주어가며 멋진 스피치를 할 때, 우리는 그 사람이 수장으로 있는 나라에 대한 인식마저도 다르게 받아들이게 된다. 강하게 말하는 사람에게서는 강한 나라를, 부드럽게 말하는 사람에게서는 부드러운 나라를, 논리 있게 말하는 사람에게서는 합리적인 나라를 느끼게 된다. 그리고 앞만 보며 딱딱하게 읽어나가는 사람을 통해서는 답답하고 막혀있는 나라의 느낌을 받게 된다. 이는 언어의 차이가 아닌 태도의 문제고 전달하는 목소리의 문제다. 자신 없고 고저 없이 죽 읽어가는 연설은 누가 들어도 기운 없고 재미도 없다. 당연히 귀 기울여지지도 않고 소통도 되지 않는다.

이는 비단 한 나라의 수장뿐 아니라 한 기업의 CEO, 단체의 단체장, 작게는 회사 내 PT 현장이나 면접, 소개팅, 상견례까지 모두 적용되는 이야기다.

목소리는 나만의 매력 자본!

그렇다면 어떤 목소리가 가장 멋진 목소리일까?

바로 자기가 타고난 그대로의 목소리다. 이 목소리를 나답게 다듬었을 때가 가장 멋진 목소리다. 사실 지금까지 많은 사람을 가르치면서 느낀 가장 큰 부분이 바로 '모든 목소리는 아름답다!'는 것이었다. 다들 자신이 얼마나 멋진 소리를 갖고 있는지도 모르고 그 가치를 생각해보지도 않고 참 이상한 목소리를 내면서 살고 있다는 것이 많이 안타까웠다. 대부분 '내 목소리는 별로야'라고 생각하는 사람들의 공통적인 특징은 바로 자신의 소리를 듣지 않는다는 것이다. 하지만 자신의 목소리를 찾는 방법은 의외로 아주 간단하다.

바로 자신이 어떻게 말하는지 귀 기울이는 것이다.

자신의 말을 들으려고 노력한다면 최소한 아무 느낌 없는 목소리 혹은 지나치게 크거나 작은 목소리를 내지 않을 것이다. 아마 거울을 보기 전엔 자신의 얼굴이나 모습이 어떤 상태인지 자각하지 못하다가 거울을 보는 순간 '어머 얼굴에 뭐가 묻었네. 내가 이러고 다녔어? 나 참 민망해라…' 했던 경험처럼 목소리 역시 나 자신을 객관적으로 보는 눈과 제3자의 입장에서 듣는 훈련이 필요하다. 이렇게 자신을 제3자의 입장에서 객관적으로 보기 시작하면 문제는 아주 빨리 해결된다. 그리고 자신만의 색깔을 나타내게 되고 자신의 목소리에 자신의 영혼을 담기 시작하면서 바로 목소리는 최고의 자산이 될 수 있다.

바로 매력 자본을 가질 수 있게 된다는 것이다. 그 누구도 넘볼 수 없는 나만의 매력 자본!

목소리를 만든다는 것, 아니 목소리를 찾는다는 것은 이 매력 자본을 발굴하는 것과 같다.

그리고 이 과정은 사실 '내 목소리 찾기'가 처음이자 끝이다. 앞에서 말한 것처럼 '나답게' 나를 보여주는 것이 목소리 찾기의 가장 중요한 본질이다.

찾은 목소리를 제대로 쓰기 위한 방법을 익히고 연습하는 것이 좋은 목소리까지 도달하는 여정이기는 하지만, 사실 내 목소리에 대한 파악만 끝나도 절반은 온 것이나 다름없다.

현재 나의 목소리를 진단하기 위해서는 우선 직접 들어보는 것이 가장 중요하다. 내가 어떻게 말하고 있는지, 어떤 소리를 내는지 듣는 것만으로도 새삼 어색하고 놀라운 부분들을 발견할 수 있다. 물론 사람에 따라서는 단순히 발음이나 발성의 문제가 아니라 건강상, 혹은 구조상의 문제가 불거질 수도 있다는 것만 유념하도록 하자.

유난히 목소리가 다른 사람에 비해 큰 경우 혹 청력에 문제가 있어 그럴 수도 있고, 교정을 한 후에 혀 짧은 소리를 하게 되는 경우도 있다. 혀의 크기나 치아의 배열에 따라서도 발음이 많이 달라지게 된다. 그러므로 더욱 정확하게 목소리를 파악하기 위해서는 구강구조에 대한 정밀 진단도 필요하다.

이런 구조적, 건강적 문제가 아닐 경우 목소리에 영향을 주는 것은 다름 아닌 심리적 요인이다.

가끔 성악을 전공했음에도 불구하고 노래에 대한 공포를 가지고 소리를 내지 못하는 사람들을 만날 수 있다. 대부분 성대결절 등을 통해 난관에 부딪힌 후 이를 심리적으로 극복하지 못한 경우다. 적절한 치료를 받고 재활을 하면 다시 찾을 수 있는 목소리임에도 불구하고 마음의 문이 '난 더 이상 노래를 할 수 없어'라고 닫혀버리는 것이다. 이는 비단 노래뿐 아니라 일반인들의 스피치에서도 적용된다. 특히 발표불안증은 상당히 많은 사람이 겪는 심리상태인데 자기도 모르게 대중 앞에서 발표할 때 목소리가 떨리고 정신이 혼미해지면서 무슨 말을 하는지도 모르게 되는 경우다.

발표불안증도 성격적 불안증과 상황적 불안증 등 크게 두 가지로 나뉘는데 이 중 성격적 불안증은 거의 모든 상황에서 언제나 불안감을 느낀다. 성장 과정에서 뭔가 문제가 있었거나 유전적인 요인이 작용하여 발생하기도 한다.

상황적 불안증은 특수한 상황에서 불안을 느끼는 경우인데 대부분의 발표불안증을 겪는 사람들이 해당된다. 사실 이를 치료한다는 것은 전문적인 영역이고 시간도 오래 걸리기 때문에 일단은 발표불안증으로 나타날 수 있는 현상들만 목소리 트레이닝으로 보완해도 한결 나아질 수 있다. 작고 떨리는 목소리, 경직된 표정, 쉼 없이 움직이는 불안한 눈동자와 거친 숨, 흐느적거리거나 불안해 보이는 태도 등만 고쳐져도 속으로는 떨고 있을지언정 겉으로는 전혀 티가 나지 않게 발표를 진행할 수 있게 된다.

고백하건대, 나 역시 엄청난 발표불안증이었다. 그래서 처음 MBC 아나운서가 됐을 때 차마 남들에게 말도 하지 못하고 혼자 끙끙 앓았다. 얼결에 붙은 아나운서다 보니 공부도 부족했고 기초 실력도 낮은 상태여서 발음이나 발성에 대한 개념조차 없었다. 당연히 카메라 앞에 서는 것이 두려워 덜덜 떨릴 정도로 힘든 시간이었다. 함께 진행하는 동료, 누구보다 날카로운 시청자, 냉정하기 그지없는 PD 눈치를 고루 받으며 좌충우돌한 시간 속에서 결국 노하우를 찾아가기 시작했다. 이를 바탕으로 다른 사람에게 조언해 줄 수 있게 됐으니 오히려 그때의 경험이 지금은 고맙기까지 하다.

나는 감히 대한민국에서 최고의 강사로 자부한다.

그동안 정말 다양한 많은 사람을 지도하면서 그 짧은 시간에 탁월한 변화를 가져올 수 있게 만들었던 가장 큰 노하우는 바로 자신을 제대로 객관적인 입장에서 볼 수 있게 만드는 것이었다. 그리고 이 객관화는 내가 쌓아온 경험 덕에 가능했다. 내가 겪은 일이었기에 상대의 불안함과 현재 가지고 있는 심리적 갈등을 파악할 수 있었고 그 때문에 학생들에게 더 집중할 수 있었다.

그렇게 학생을 지도하다 어느 순간 학생이 자신의 목소리를 찾으며 진심이 우러나오게 될 때 학생 자신도 감동을 받게 되고 나도 감동받는 순간이 온다. 그리고 바로 이때 좀 전의 말과는 차원이 다른 진짜 나의 말이 나오고 나의 목소리가 나오는 것을 본다.

평생 한 번, 단 삼 주만

이렇게 중요한 전달의 도구이자 나를 나타내는 데 있어 필연적 역할을 해주는 목소리. 평생의 무기로 만드는 데 과연 얼마의 시간이 걸릴까?

노력 여부에 따라 달라지기는 하지만 기본적으로 좋지 않은 습관을 버리고 새로운 목소리를 찾아 방법을 공부하는 데는 3주 정도의 시간이 필요하다. 물론 좀 더 몸에 익히고 전문적으로 바꾸려면 훨씬 많은 시간이 필요하지만 당장 급한 불을 끄는 데는 3주면 충분하다.

놀랍지 않은가?

평생을 함께할 무기를 갖추는 데 드는 시간이 고작 3주라는 것이 말이다.

물론 이 3주의 시간이 쉽지는 않을 것이다. 한 번도 마주하지 않았던 나와 마주해야 하고, 쓰지 않았던 근육을 움직여야 하며 신경 쓰지 않았던 장단음을 공부해야 하는 까닭이다.

하지만 한 가지 확실한 것은 차분히 3주를 따라온 후 정말 놀라운 변화가 있을 것이라는 점이다. 충분히 투자할 가치가 있는 시간이라고 생각하지 않는가?

한번 시도해보자. 꼭 바꾸고 말겠다는 굳은 결심으로!

안녕하세요 정보영입니다

전 MBC 아나운서였고

지금은 커뮤니케이션과

스피치 강의를 하고 있습니다.

Communication

아나운서는

말을 잘 하는 사람이라기 보다는

의미를 잘 전달하는 사람입니다.

바른 어휘 구사를 통한 품격 더하기

아나운서식 말하기 스킬을 통한 전달력 곱하기

커뮤니케이션을 위한 불필요한 습관 빼기

나쁜 습관은 교정하고

자신이 가지고 있는

좋은 재능은 발굴, 연습해서

보다 정확한 커뮤니케이션을

할 수 있게 하고

자신이 가진 꿈에

한 발 더 가까이

갈 수 있도록 합니다.

결국 모든 것은
커뮤니케이션의 문제니까요

표현과 전달에 탁월한
아나운서식 말하기의 비법
지금부터 시작합니다.

2nd Week
목소리에 테크닉 더하기

3 Weeks Project

3rd Week
매력을 더하다, 목소리 MAKE-UP

Su	Mo	Tu	We	Th	Fr	Sa
1	2	3	4	5	6	7
8	9	10	11	12	13	14
15	16	17	18	19	20	21
22	23	24	25	26	27	28

3 WEEK

1st
Week

Su	Mo	Tu	We	Th	Fr	Sa	Su	Mo	Tu	We	Th	Fr	Sa
1	2	3	4	5	6	7	8	9	10	11	12	13	14

내 목소리도
변할 수
있을까?

목소리 변화를 위한 첫걸음

: 차근차근 기초 다지기

Su	Mo	Tu	We	Th	Fr	Sa	Su	Mo	Tu	We	Th	Fr	Sa
15	16	17	18	19	20	21	22	23	24	25	26	27	28

내 목소리도 변할 수 있을까?

목소리
변화를 위한
첫걸음

: 차근차근 기초 다지기

내 목소리가 변할까? 나도 해낼 수 있을까? 많은 고민이 있겠지만 일단 지금은 무작정 따라 하는 것이 더 중요합니다.

앗, 지금 좀 이상하다고 생각하시는 분들이 있겠네요. 뭘까요? 뭐가 바뀌었을까요?

네! 바로 제 말투가 바뀌었습니다. 제 말투가 바뀌어서 어색하신가요? 오늘부터는 여러분 옆에서 딱 붙어 말하고 알려주는 1:1 비밀 과외선생님처럼 다가가기 위해 어투를 좀 바꿔봤습니다.

어때요, 이렇게 글로만 읽어도 한결 느낌이 다르지요? 그러니 직접 말로 할 때는 얼마나 달라지겠어요! 간단하게나마 변화를 한번 체험해보셨으니 이제 차근히 따라오시기만 하면 됩니다.

자, 그러면 이제부터 자기다운 목소리를 찾아 나설 차례입니다.

자기 소리란 자기 몸을 울려 나오는 차분하면서도 깊이 있는 소리를 말합니다. 그래서 첫 1주의 교육 미션은 내 소리 찾기가 되겠습니다.

그러기 위해 첫째 날은 자신의 현 상태를 파악하고 문제점을 자세히 찾는 것을 먼저 해볼 겁니다. 둘째 날은 깊은 호흡과 함께 울려 나오는 자신의 소리를 찾기 위해 복식 호흡, 복식 발성을 제대로 공부해야 합니다. 셋째 날은 제대로 된 발음을 위해서 입술을 제대로 벌리고 발음하는 훈련을 하게 됩니다.

대부분 입술을 움직이지 않고 혀만 움직여 발음하고, 혀도 제 위치에서 발음하는 게 아니라 대충 발음하는 사람이 많습니다. 이를 교정하기 위해서 정확한 입술 벌리기, 입술에 힘주고 얘기하기, 혀의 정확한 위치 파악하기 등을 연습해보려 합니다.

넷째 날은 상대가 잘 알아듣게 하기 위해서 입술만 움직이는 게 아니라 얼굴의 근육을 움직이는 훈련까지 해야 합니다. 표정이 풍부한 사람들이 훨씬 소통이 잘되고 공감 능력이 크다는 건 알고 계시죠?

다섯째 날은 전달력을 높이기 위한 훈련입니다. 얼마나 정확하게 전달되는지가 중요하겠지요? 말의 정확성을 높여주는 장단음 학습을 통해 새로운 말하기를 열어보게 됩니다.

여섯째 날은 좀 더 사람들의 주목을 끌기 위한 입체감 있는 말하기 훈련을 하게 됩니다.

어떤가요? 어려울 수도 있지만, 이 정도 노력도 안 하고 성형을 한다는 것은 말도 안 됩니다. 성형은 말 그대로 살과 뼈를 찢고 붙여 새로운 형태로 만들어 바로 내 것으로 만드는 과정입니다. 이제까지 나도 모르게 써왔던 나의 버릇, 습관을 뜯어고치는 훈련이니 아주 쉽지는 않을 겁니다. 하지만 불가능한 것도 아니니까 준비됐으면 지금부터 시작해봅시다!

현재 나의 모습은?
: 자기 파악하기

드디어 첫날입니다.

어떠세요, 긴장되세요? 아니면 두근거리시나요?

저는 여러분이 지금부터 마구 설렜으면 좋겠습니다.

그러면 먼저, 앞으로 3주 동안 참 자주 만나게 될 원고를 하나 소개할게요.

오늘은 우선 자신의 스타일대로 읽기만 하세요. 아주 다정한 원고입니다. 그런데 동영상 녹화를 해야 합니다. 객관적으로 자신이 어떻게 얘기하는지, 자신의 상태에 대한 정확한 분석이 필요하기 때문입니다.

보통 내레이션을 할 때 우리는 3단계를 거치게 됩니다. 묵독, 음독, 낭독이 그것인데요, 소리 없이 읽는 묵독에서는 누구나 상상 속의 아나운서처럼 잘 읽어낼 수 있습니다. 하지만 일단 입을 열어 소리를 내면 '어?' 하면서 잠시 당황하게 됩니다. 장단음, 호흡, 발성이 엉키면서 자신이 생각했던 것보다 엉망으로 읽고 있는 자신을 볼 때가 있죠? 이런 경우 읽으면서도 참 창피하고 난감하죠?

저도 그랬던 경험이 많았기에 누구보다도 잘 안답니다.

그래서 묵독 후에는 무조건 소리 내서 음독, 작은 소리로 읽어보는 게 정말 중요합니다. 저희같이 방송하는 사람들에겐 필수입니다. 다시 말하면 프로들도 미리 음독으로 읽어보고 발음의 정도, 말의 뉘앙스, 문맥의 흐름을 다 보면서 수정을 하고 여러 번 읽어본 후에 읽든지 외워서 전하는데 일반인들의 경우 대체로 묵독만 하고 읽기 때문에 어색하고 잘 읽히지도 않고 목소리도 매끄럽지 않게 나오는 게 당연하답니다.

그런데 사람들은 자신이 이런 글조차 잘 못 읽는 것에 당황하다 보니 자신은 말을 잘 못 하는 사람으로 확신하게 되는 경우가 대부분입니다.

그래서 말을 유창하게 하는 그 단계까지 가기 위해서 꼭 필요한 것이 이 동영상 촬영이니 조금 민망한 생각이 들더라도 꼭 시도해 보시기 바랍니다.

머릿속에 그려져 있는 자기와 실제의 자기를 정확히 봐야 원하는 자신을 만날 수 있습니다. 가능한 누군가가, 제3자가 자신을 찍는 게 더 좋고 똑바로 정자세로 서서 발표하듯 찍으면 좋겠지만, 여건이 안 된다면 자신이 스스로 찍는 것도 괜찮습니다. 가능한 자신의 얼굴이 클로즈업될 수 있도록 맞추고, 준비됐으면 동영상을 누르고 읽기 시작!

Script

개

개는 사람과 가장 가까운 동물입니다.
사람들은 먼 옛날부터 개를 길렀습니다.
원래 개의 조상은 이리처럼 사나운 짐승이었는데,
사람과 가까이 살면서 온순하게 길들여졌습니다.

개의 생김새는 여러 가집니다.
송아지만큼 커서 보기만 해도 겁이 나는 개가 있고,
고양이보다 작아서 무척 귀여운 개도 있습니다.
주둥이가 긴 개도 있고, 짧은 개도 있습니다.
귀가 쫑긋 일어서고 꼬리를 위로 말아 올려
늠름하게 보이는 개가 있는가 하면,
귀가 커서 축 늘어진 개도 있습니다.
털 색깔도 흰색, 누런색, 검은색, 점박이 따위가 있습니다.

개는 소리를 잘 듣습니다.
먼 데서 나는 소리를 사람보다 훨씬 더 잘 들을 수 있다고 합니다.
가끔 밤에 자다가도 벌떡 일어나 큰 소리로 짖는 것을 볼 수 있습니다.
사람은 듣지 못하는 아주 작은 소리를 개는 들었기 때문입니다.

개는 냄새를 잘 맡습니다.
들길을 가던 개가 갑자기 멈춰 서서
코를 땅에 대고 킁킁거리면서 냄새를 맡을 때가 있습니다.
때로는 그곳을 열심히 파헤치기도 합니다.
이것은 땅속에 있는 두더지나 들쥐의 냄새를 맡았기 때문입니다.
멀리 나갔다가 되돌아올 때도 냄새를 맡으면서 집을 찾아온다고 합니다.

The end.

다 읽으셨나요?

어떠세요? '뭐 이렇게 쉬운 걸 읽으라고 하지?' 싶으신가요? 아니면 생각보다 꼬이고 어려웠나요? 녹화를 하셨다면 녹화된 파일을 한번 보세요. 낯설거나 어색하지는 않은지, 아니면 생각보다 너무 잘 읽어서 놀랍지는 않은지 한번 파악해보시길 바랍니다.

그럼 여기서 자신의 상태를 파악해봅시다.

제가 질문을 몇 개 해볼게요. 한번 체크해보시고 몇 개나 해당되는지 동그라미를 해보세요.

자기 소리 분석

목소리가 작다 ☐
목소리가 크다 ☐
목소리가 허스키하다 ☐
목소리가 퍼진다 ☐
목소리가 모아진다 ☐
목소리에 울림이 있다 ☐
목소리가 앵앵거린다 ☐
목소리가 가늘다 ☐
목소리가 고음이다 ☐
발음이 우물거린다 ☐
내용 전달이 잘 되지 않는다 ☐
혀 짧은 소리가 난다 ☐

눈

눈을 많이 깜빡거린다 ☐
눈동자가 자꾸 옆으로 돌아간다 ☐
눈빛이 초롱초롱하다 ☐
눈빛이 불안해 보인다 ☐

표정

말할 때 미간, 이마에 자주 인상을 쓴다 ☐
표정 없이 말한다 ☐
웃으면서 말한다 ☐
표정이 살아있다 ☐
자신감 없어 보이는 표정이다 ☐
긍정적인 표정이다 ☐
약간 비웃는 듯한(냉소적인) 표정이다 ☐

입

말할 때 윗니가 보인다 ☐
말이 끝났을 때 양쪽 입꼬리가 위로 올라간다 ☐
입술을 벌리며 말한다 ☐
입술이 자유자재로 움직인다 ☐
입술을 거의 움직이지 않으며 말한다 ☐

호흡

말할 때 호흡이 가쁘다 ☐
말할 때 호흡이 편안하다 ☐
띄어 읽기가 제대로 된다 ☐
쉬지 않고 한 호흡에 읽어버린다 ☐

뉘앙스

말하듯이 읽는다 ☐
자신 있는 메시지로 들린다 ☐
힘없어 보인다 ☐
단순히 소리만 크다 ☐
사람들의 주의를 집중시킨다 ☐
말은 했는데 무슨 내용인지 모르겠다 ☐

한번 해보니까 어떠세요? 좀 더 객관적으로 내 상태가 보이지 않나요?

위의 사항을 모두 체크했으면 다음에는 기록입니다.

아래의 메모 박스 예시를 활용해도 좋고 자기에게 좀 더 부족한 부분을 체크해서 그 부분을 중점으로 만든 메모 박스도 괜찮습니다. 촬영 후 모니터한 것을 메모하고 이를 어떻게 개선할 것이며 그 과정이 어떻게 갈지를 차곡차곡 체크해보기 위한 메모 박스입니다.

자신만의 멘트를 첨언해서 '나만의 오답노트' 같은 느낌으로 만들어도 좋겠지요?

문제점	목소리가 가늘고 앵앵거린다. 긴장하면 눈을 많이 깜빡거린다. 긴장되면 무표정으로 말하고 호흡이 가빠진다.
어떻게 고칠까	긴장될수록 심호흡을 해봐야겠다.

여기에 하나 더, 자신이 고쳐야 할 사항을 메모한 후 자신이 닮고 싶은 롤모델을 정해 그 모델의 어떤 점을 닮고 싶은지도 동영상을 찾아 모니터 후 자세히 써보는 것이 중요합니다.

혹시 없다면 이제부터 누가 말을 잘하는지 찾아보는 것부터 해봅시다. 말을 제대로 하는 사람을 찾으려면 먼저 아나운서 중에서 찾아보는 것도 좋은 방법입니다.

자 이번엔 내용이나 느낌 면에서 체크해볼까요?

Check ■

1. 나는 원고를 읽으면서 큰 개, 작은 개, 늠름한 개 등 본문에 나오는 개의 모습을 상상했다 ☐
2. 나는 주어와 동사를 강조하며 읽었다 ☐
3. 나는 아이에게 책을 읽어주듯 생생함을 살려서 읽어봤다 ☐
4. 나는 장음으로 발음해야 하는 단어가 무엇인지를 알고 그 단어를 정확하게 길게 발음했다 ☐
5. 내가 읽는 속도는 리듬감 있고 적당했다 ☐

체크하셨나요? 혹시 몇 개나 해당되나요? 아마 한두 개 해당되는 분들도 드물 거라고 생각합니다. 당연한 일이니까 너무 좌절하지는 마세요. 우리 오늘 첫날이잖아요.

자, 이제 동일한 원고를 다시 한번 읽어봅니다. 위에 했던 질문들을 생각하면서 말입니다. 만약 지금 장단음을 모르겠다, 싶으신 분들은 '내 생각에는 이 단어가 중요한 거 같아'라고 생각한 단어를 좀 더 강하게 읽으면 됩니다. 뒤에 나오는 원고에 한번 체크해보시고 다시 동영상 녹화에 들어갑니다. 잊지 마세요, 동영상 녹화!

Script

개

개는 사람과 가장 가까운 동물입니다.
사람들은 먼 옛날부터 개를 길렀습니다.
원래 개의 조상은 이리처럼 사나운 짐승이었는데,
사람과 가까이 살면서 온순하게 길들여졌습니다.

개의 생김새는 여러 가집니다.
송아지만큼 커서 보기만 해도 겁이 나는 개가 있고,
고양이보다 작아서 무척 귀여운 개도 있습니다.
주둥이가 긴 개도 있고, 짧은 개도 있습니다.
귀가 쫑긋 일어서고 꼬리를 위로 말아 올려
늠름하게 보이는 개가 있는가 하면,
귀가 커서 축 늘어진 개도 있습니다.
털 색깔도 흰색, 누런색, 검은색, 점박이 따위가 있습니다.

개는 소리를 잘 듣습니다.
먼 데서 나는 소리를 사람보다 훨씬 더 잘 들을 수 있다고 합니다.
가끔 밤에 자다가도 벌떡 일어나 큰 소리로 짖는 것을 볼 수 있습니다.
사람은 듣지 못하는 아주 작은 소리를 개는 들었기 때문입니다.

개는 냄새를 잘 맡습니다.
들길을 가던 개가 갑자기 멈춰 서서
코를 땅에 대고 킁킁거리면서 냄새를 맡을 때가 있습니다.
때로는 그곳을 열심히 파헤치기도 합니다.
이것은 땅속에 있는 두더지나 들쥐의 냄새를 맡았기 때문입니다.
멀리 나갔다가 되돌아올 때도 냄새를 맡으면서 집을 찾아온다고 합니다.

The end.

어떠세요? 녹음된 파일 두 개를 한번 번갈아가며 들어보세요. 어딘가 좀 다르죠? 뭔가 달라졌죠? 이게 포인트입니다.

질문 다섯 개, 이 다섯 개만 생각하고 읽어도 한 번에 달라지는 것을 여러분이 경험했으면 좋겠네요. 그리고 앞으로 3주 동안 매일 이렇게 조금씩 다듬어지고 달라질 것이라는 것을 믿어보세요. 자, 그러면 이제 자신감을 좀 더 충전하고 딱 다섯 번만 더 읽읍시다. 소리 내서!

이걸로 우리의 첫날은 마무리합니다. 아, 물론 몇 번씩 복습한다고 해서 제가 뭐라고 하지는 않아요. 다만 내일을 위해 너무 무리는 하지 마세요. 특히 목, 아끼셔야 합니다!

2 Day

호흡부터 바꾸자
: 복식 호흡, 복식 발성

드디어 둘째 날입니다.

어제를 한번 떠올려봅니다. 뭔가 개에 대해 읽기는 했는데 영 어색했던 것 같기도 하고 생각보다 수월했던 것 같기도 하고 그럴 겁니다. 그리고 그다지 어려운 내용이 아니었음에도 불구하고 뭔가 읽다가 끊기지 않아야 할 때 끊거나 숨이 찼던 사람도 있을 것입니다.

앞서 총론에서도 몇 번이고 강조했던 말은 호흡입니다. 호흡이 잘 잡히면 목소리에도 안정감이 생기고 당연히 말에도 힘이 실립니다. 그래서 호흡을 바꿔야 합니다.

대부분 사람은 흉식 호흡을 합니다. 하지만 흉식 호흡을 하다 보면 조금만 움직이거나 긴장을 해도 숨이 거칠어집니다. 그래서 말을 하다 보면 사람이 긴장돼 보이고 불안해 보입니다. 아마 말을 하다 갑자기 머릿속이 하얘졌던 경험이 한 번씩은 있을 것입니다. 이게 한두 번 반복되면 습관적인 트라우마가 돼서 불안감이 생기고 결국 자신감까지 상실하게 됩니다. 호흡 하나 조절하지 못해서 자신감 상실까지 가는 거죠. 바로 여기에 우리가 복식 호흡을 해야 하는 이유가 있습니다.

혹여 당황하는 상황이 오더라도 호흡을 잘만 조절하면 이 발표불안증을 쉽게 극복할 수 있습니다. 소리도 중요하지만, 호흡이 되지 않으면 아무것도 할 수 없다는 것 꼭 명심하시고!

복식 호흡에 한번 도전해볼까요?

먼저, 배를 풍선이라 생각하고 숨을 들이마시면서 배에 호흡을 하나하나 쌓아갑니다.

이때 배로만 호흡하고 어깨는 들썩이지 않도록 합니다.

【 복식 호흡 】

자, 숫자를 세면서 숨을 들이마십니다.
1. 숨 들이마시기
2. 천천히 하나, 둘, 셋, 넷, 다섯, 여섯(12~15초 정도)
3. 숨 멈추기(5~6초 정도)
4. 내뱉기 : 가느다랗고 길게 내뱉는다 하나, 둘, 셋, 넷, 다섯, 여섯, 일곱, 여덟
  (15~20초 정도)
5. 남은 호흡은 다 내뱉기

내뱉기는 들이마시는 것보다 더 길게 끝까지 내뱉으세요.

적응됐으면 숨 들이마시기를 여덟까지 합니다. 호흡 정리하고

다시 시작해서 5번 반복합니다. 숨 들이마시기를 조금씩 늘려가 보는 것도 도움이 됩니다.

여덟, 열, 열둘 정도까지도 도전해보세요.

이렇게 숨만 쉬면 재미없죠? 도구를 이용해볼까요?

【 풍선, 빨대, 갑 티슈 】

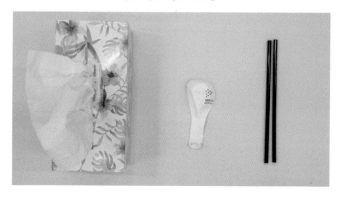

복식 호흡에 도움 되는 도구인 갑 티슈, 풍선, 튜브, 수영, 물에 얼굴 담그기 등으로 좀 재미있게 호흡을 늘려보죠. 마치 게임을 하듯 말입니다. 알려드리는 방법은 우리 주위에서 쉽게 구할 수 있거나 이용할 수 있는 것들입니다. 오늘은 먼저 풍선을 활용한 호흡법을 할 겁니다. 풍선 호흡을 하는 이유는 본인이 내뱉는 호흡의 양을 측정할 수도 있고 생각보다 입술에 힘과 폐활량을 키우는 데 도움이 되기 때문입니다. 주위에 보면 의외로 풍선을 못 부는 사람들이 꽤 있습니다. 그것은 호흡을 한데로 모아서 내뱉는 힘도 약하고 입술에 힘도 제대로 주지 못하기 때문인데, 처음에는 얼굴도 빨개지고 정신이 없다는 사람들도 있지만 계속 연습하면 자신의 호흡량을 측정할 수 있습니다. 혹시 안 되시는 분들은 당장은 아니어도 연습하면서 익혀나가길 바랍니다.

〈풍선 활용법〉

자, 풍선을 이용한 호흡법입니다.

풍선을 입에 물고 코로 숨을 들이마시면서 복식 호흡 때처럼 배, 배꼽 아래에 천천히 호흡을 모은 후에 천천히 입으로 내뱉으세요. 호흡을 갑자기 내뱉으면 호흡이 가빠지니 천천히 내쉬고 들이마시는 훈련으로 호흡을 잔잔히 운영할 줄 알도록 하는 게 포인트입니다.

풍선을 입에 물고 코로 호흡을 천천히 들이마시면서 배를 부풀립니다. 잠시 쉬었다가 입으로 호흡을 내뱉으며 그 호흡으로 풍선을 붑니다.

생각보다 입술에 힘을 줘야 풍선을 불 수 있죠?

다시 풍선을 문 상태에서 코로 호흡을 들이마십니다.

속으로 숫자를 셉니다.

【 풍선 부는 순서 】

이렇게 여섯 번을 반복해보세요. 자 어떠세요?

입에 생각보다 힘이 많이 주어지죠? 이러면서 입술에 힘도 기르고 호흡도 늘릴 수 있습니다.

풍선이 몇 번 만에 빵빵해지나요? 점점 편해질수록 풍선이 금방 부풀어 오르는 것을 볼 수 있을 겁니다.

이렇게 혼자 게임처럼 하면 지겹지 않고 자신의 발전 상태를 체크할 수 있어서 연습하는 데 도움이 됩니다. 자신의 호흡량을 쉽게 알 수 있고 계속 반복하다 보면 숨이 길어져서 몇 번 만에 풍선을 금방 불 수 있게 됩니다.

튜브 이용방법도 마찬가지입니다. 풍선과 다른 점은 튜브를 이용하면 보다 호흡 연습을 오래 할 수 있다는 것입니다.

만약 이런 연습 외에도 평소에 운동과 병행해서 호흡을 다스리고 싶다면 수영을 추천합니다.

수영도 거칠게 하는 게 아니라 잠수로 얼마나 물 안에 머무는가를 체크해보세요. 이 훈련을 통해 내가 숨을 어느 정도 참을 수 있는지 숨을 쉴 때 거칠게 쉬지 않고 편안히 조절하는 능력을 키우기 위함입니다.

수영은 제가 가장 덕을 본 장본인인데요. 저도 호흡이 너무 짧아 고민하던 중 수영장에 갔다 우연히 해봤는데 정말 효과가 좋았습니다. 그래서 그 이후 전 수영 영법을 아예 잠수로 모두 바꿨습니다. 숨 안 쉬고 어느 정도 갈 수 있나, 또 물 밖에 나와서도 숨 몰아쉬지 않기 등을 하면서 수영을 하니 혼자서도 얼마나 즐겁게 운동을 할 수 있던지! 한번 도전해보세요.

또 하나 추천하는 방법은 바로 계단 오르기입니다. 평소 습관처럼 에스컬레이터에 몸을 실었다면 오늘부터는 긴 계단을 만나면

【 계단 오르면서 호흡 내뱉기 】

'오케이! 호흡 연습을 할 수 있겠다!' 하는 기쁜 마음으로 계단을 올라주세요.

일단 숨을 들이쉬고 계단에 한 발을 내딛습니다. 그리고 천천히, 아주 천천히 일정하게 호흡을 내보내면서 계단을 올라보세요. 아마 헉헉거리고 올랐던 계단이 조금 쉽게 느껴지면서 호흡도 좋아질 겁니다. 계단 7~8개는 쉬지 않고 올라가는 것을 기준으로 매일 조금씩 늘려보면 좋습니다. 이렇게 생활 속에서 조금만 신경을 쓰면 점점 호흡이 늘어가는 재미를 느낄 수 있습니다. 운동이든, 노래든, 말이든 호흡을 깊게 편안히 쉴 수 있도록 하는 게 가장 중요합니다. 복식 호흡 우습게 보지 말고 다시 찬찬히 호흡해보세요.

복식 호흡이 됐으면 이젠 복식 발성 차례입니다.

복식 발성이 중요한 이유는 신뢰감 있는 믿음직스러운 목소리를 만들어주기 때문입니다.

대부분 사람은 가성의 목소리를 쓰든지, 목으로 이야기하기에 목에 쉽게 피로가 옵니다.

이러면 목이 잘 쉬며, 듣는 사람도 피곤해집니다. 복식 발성으로 말하면 오랜 시간 얘기해도 피곤하지 않으며, 작은 목소리로 말을 해도 소리가 멀리 간다는 장점이 있습니다. 그리고 무엇보다 목소리에 신뢰가 더해집니다.

방법은 이렇습니다.

숨을 복식 호흡으로 들이마셨다가 소리를 쭉 뻗어 던집니다.

소리가 멀리 간다는 상상을 하며, 목에 힘주지 않고 어깨도 들썩이지 않으며 상체에 힘을 빼고 약간 중저음의 편안한 소리를 내도록 합니다.

【 복식 호흡 후 소리 던지기 】

10~15초 정도
자기 호흡만큼 소리 던지기

예쁜 소리를 내는 게 아닙니다. 굵고 흔들리지 않는 목소리를 내는 데 신경 쓰세요.

2~3m 앞의 목표물을 정하고 거기까지 소리가 도달한다는 느낌으로 쭉 보냅니다.

이때 자신의 목소리를 잘 들으면서 하셔야 합니다.

호흡 연습을 어느 정도 했으면 다음은 발음입니다.

발음 연습은 말을 할 때 가장 중요한 것입니다. 방법은 먼저 입 모양을 확실하게 하고 제 음가의 모양을 만듭니다. 그 후에 복식 발성처럼 소리를 멀리 보내는 것입니다. 소리를 공으로 만들어 멀리 던지는 느낌이라고 하면 될까요? 한 자 한 자 명확히 하며 가능한 윗니가 보이도록, 입을 크게 벌리고 턱이 벌어지게 해야 합니다.

한 음가당 2~3초로 길게 소리를 내보냅니다.

가~하까지 7~8분 정도 걸리게 명확하게 하는 걸 신경 쓰면서 천천히 해보세요.

발음을 '가갸거겨'가 아닌 '가아, 갸아, 거어, 겨어, 고오' 이런 식으로 발음하면 좀 더 수월해집니다.

어떠세요?

【 발음 연습 】

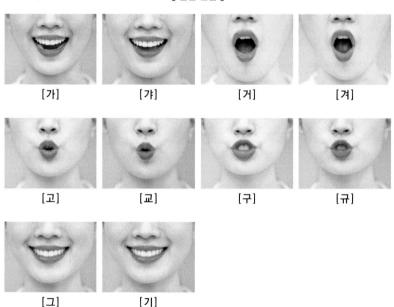

[가] [갸] [거] [겨]

[고] [교] [구] [규]

[그] [기]

입을 있는 힘껏 벌리고 발음 연습을 하게 되면 호흡이 답답해지고 뒷골이 아플 수도 있습니다. 그건 본인의 호흡이 짧다는 증거니 더 연습해서 편해질 때까지 해야 합니다. 앞에서 얘기한 풍선, 튜브, 수영, 계단 오르기 등을 적극 활용해봅니다!

그러면 호흡 정리하고 다시 해보세요. 2~3번 반복합니다.

자, 어제오늘 가장 기본이 되는 호흡과 발성을 한번 연습해봤습

발음 연습표

가아 갸아 거어 겨어 고오 교오 구우 규우 그으 기이
나아 냐아 너어 녀어 노오 뇨오 누우 뉴우 느으 니이
다아 댜아 더어 뎌어 도오 됴오 두우 듀우 드으 디이
라아 랴아 러어 려어 로오 료오 루우 류우 르으 리이
마아 먀아 머어 며어 모오 묘오 무우 뮤우 므으 미이
바아 뱌아 버어 벼어 보오 뵤오 부우 뷰우 브으 비이
사아 샤아 서어 셔어 소오 쇼오 수우 슈우 스으 시이
아아 야아 어어 여어 오오 요오 우우 유우 으으 이이
자아 쟈아 저어 져어 조오 죠오 주우 쥬우 즈으 지이
차아 챠아 처어 쳐어 초오 쵸오 추우 츄우 츠으 치이
카아 캬아 커어 켜어 코오 쿄오 쿠우 큐우 크으 키이
타아 탸아 터어 텨어 토오 툐오 투우 튜우 트으 티이
파아 퍄아 퍼어 펴어 포오 표오 푸우 퓨우 프으 피이
하아 햐아 허어 혀어 호오 효오 후우 휴우 흐으 히이

니다. 뭐든 기초가 가장 중요하니 앞으로도 매일 호흡과 발성, 발음, 소리 던지기 연습은 먼저 꼭 한 후에 진도를 나가주세요. 그리고 풍선 호흡을 비롯한 생활 속 호흡 연습도 함께 병행해주시고요!

Script

오늘의 연습문장

안녕하세요, 홍길동입니다.
안녕하십니까, 홍길동입니다.

이 간단한 문장을 위의 연습표에서 '그으, 기이' 하고 난 표정과 입 모양, 소리의 뉘앙스도 비슷하게 해서 연습합니다. 한마디로 활짝 웃는 표정으로 말하라는 겁니다. 대체로 학생들이 가장 어려워하는 것이 웃으면서 말하는 겁니다. 가장 쉬울 것 같지만 훈련이 안 돼있다 보니 금방 표정이 무뚝뚝하게, 때론 화가 난 표정으로 말을 합니다. 왼쪽의 발음표 연습할 때도 거울을 봐가면서 표정을 만들어가면서 훈련에 임하기 바랍니다.

그럼 본론으로 돌아가보면 여기서 신경 써야 하는 것은 '안녕'입니다. 생각보다 안녕이란 단어가 발음이 굉장히 어렵습니다. 대부분 '아뇨하세요'나 '아녀하세요'라고 하는 경우가 대부분입니다.

안녕이란 단어를 좀 더 명확히 발음한다면 말이 그리고 말하는 사람의 인상이 훨씬 선명하고 스마트하게 상대방에게 인식됩니다.

연습할 때 하나의 팁을 드리자면

안녕(1)하세요(1234) 홍(1)길동입니다.
안녕(1)하십니까(1234) 홍(1)길동입니다.

이렇게 잠깐 쉬었다 말하는 겁니다. 쉬운 것 같지만 가장 하기 어려운 발음
이니 연습해보세요.
오늘은 이 인사법만 익혀도 성공입니다.

The end.

주의사항

- 혹시 발음 연습 후에 목이 아프다면 목에 힘을 너무 많이 줘서 그렇습니다.
- 목이 아프면 안 되니 목에 힘을 풀고 목 안을 둥글게 만든다 생각하세요.
- 또 입을 너무 과하게 많이 벌리면 목구멍이 막히는 느낌을 받을 수 있습니다.
- 적당하게 목구멍이 열려있는 느낌으로 벌려야 합니다.
- 최대한 목이 안 아프면서 소리가 멀리 간다는 느낌으로 편하게 소리를 던져보세요.

내 입술 활용법
: 입술 잘 벌리기, 입술 제대로 활용하기

어제까지 호흡과 발성에 대해 했다면 오늘부턴 발음을 좀 명확히 해볼 겁니다.

대체로 말을 잘 못한다는 사람들의 공통점이 입술에 힘이 없고 입술도 거의 움직이지 않고 발음을 한다는 것입니다. 그래서 우물거리는 소리로 들리게 되고 표정도 영 자신 없는 것이 되는 거죠.

전 미국 대통령인 오바마를 한번 생각해봅시다. 뭐가 가장 먼저 떠오르시죠?

【 웃는 얼굴 】

아마 환하게 웃는 모습, 치아가 가지런히 드러난 모습에서 나오는 자신감, 살아있는 눈빛. 이런 것들이 떠오르시죠?

우리 얼굴에서 가장 확실히 해야 할 것 중에 하나가 입술의 모양, 그리고 입술에 힘을 싣는 훈련입니다. 제가 처음에 동영상을 녹화하라고 한 것도 입술의 모양, 입술의 움직임을 보라고 한 겁니다.

우리는 여간해선 입술을 벌리지 않습니다. 그래서 말도 우물거리게 되고 목소리도 뻗어 나오지 못하게 됩니다. 그래서 오늘도 풍선 호흡을 연습할 예정입니다. 풍선 호흡 후에는 입술에 힘주는 연습도 함께할 겁니다.

탄력 있는 말하기를 위해 먼저 숫자 세기, 음절 읽기를 할 텐데요. 이 연습을 통해 발음을 명확히 하는 훈련, 표정 푸는 훈련을 할 수 있습니다. 익숙하지 않으면 조금만 연습해도 얼굴 근육이 아플 수 있지만 아프다면 연습을 열심히 한 것이고 아무 느낌이 없다면 처음부터 다시 하셔야 합니다.

먼저 숫자 세기를 해봅니다.

1~100까지 차례로 세기, 거꾸로 쉬지 않고 세기, 같은 템포로 세기 등을 5~6회 정도 반복해봅니다. 빠르지 않게 하는 것이 중요합니다.

숫자 세기

하나 두울 세엣 네엣 다섯 여섯 일곱 여덟 아홉 열
열하나 열둘 열셋 열넷 열다섯 열여섯 열일곱 열여덟 열아홉 스물
스물하나 스물둘 스물셋 스물넷 스물다섯 스물여섯 스물일곱
스물여덟 스물아홉 서른
서른하나 서른둘 서른셋 서른넷 서른다섯 서른여섯 서른일곱
서른여덟 서른아홉 마흔
마흔하나 마흔둘 마흔셋 마흔넷 마흔다섯 마흔여섯 마흔일곱
마흔여덟 마흔아홉 쉰
쉰하나 쉰둘 쉰셋 쉰넷 쉰다섯 쉰여섯 쉰일곱 쉰여덟 쉰아홉 예순

예순하나 예순둘 예순셋 예순넷 예순다섯 예순여섯 예순일곱 예순여덟 예순아홉 일흔

일흔하나 일흔둘 일흔셋 일흔넷 일흔다섯 일흔여섯 일흔일곱 일흔여덟 일흔아홉 여든

여든하나 여든둘 여든셋 여든넷 여든다섯 여든여섯 여든일곱 여든여덟 여든아홉 아흔

아흔하나 아흔둘 아흔셋 아흔넷 아흔다섯 아흔여섯 아흔일곱 아흔여덟 아흔아홉 백

다시 거꾸로

숫자 세기

백 아흔아홉 아흔여덟 아흔일곱 아흔여섯 아흔다섯 아흔넷 아흔셋 아흔둘 아흔하나

아흔 여든아홉 여든여덟 여든일곱 여든여섯 여든다섯 여든넷 여든셋 여든둘 여든하나

여든 일흔아홉 일흔여덟 일흔일곱 일흔여섯 일흔다섯 일흔넷 일흔셋 일흔둘 일흔하나

일흔 예순아홉 예순여덟 예순일곱 예순여섯 예순다섯 예순넷 예순셋 예순둘 예순하나

예순 쉰아홉 쉰여덟 쉰일곱 쉰여섯 쉰다섯 쉰넷 쉰셋 쉰둘 쉰하나

쉰 마흔아홉 마흔여덟 마흔일곱 마흔여섯 마흔다섯 마흔넷 마흔셋 마흔둘 마흔하나

마흔 서른아홉 서른여덟 서른일곱 서른여섯 서른다섯 서른넷
서른셋 서른둘 서른하나
서른 스물아홉 스물여덟 스물일곱 스물여섯 스물다섯 스물넷
스물셋 스물둘 스물하나
스물 열아홉 열여덟 열일곱 열여섯 열다섯 열넷 열셋 열둘 열하나
열 아홉 여덟 일곱 여섯 다섯 넷 셋 두울 하나

숫자 세는 게 생각만큼 쉽지 않습니다. 쉽지 않기에 집중해서 짧은 시간에 할 수 있는 아주 좋은 방법이기도 합니다. 자기 소리에 집중하며 다시 한번 해봅시다.

다음은 〈발음표〉로 연습해봅시다. 먼저 한 음절씩 읽어보세요. 소요시간은 6~7분 정도로 음가와 입술 모양을 명확히 하세요! 절대로 붙여 문장으로 읽으면 안 됩니다. 하나씩 명확히 읽으세요.

가 고 가 고 기 어 가 고 걸 어 가 고 뛰 어 가 고
지 고 가 고 이 고 가 고 놓 고 가 고 들 고 가 고
쥐 고 가 고 잡 고 가 고 자 꾸 가 고
뻗 은 가 지 굽 은 가 지 구 부 러 진 가 지 가 지 의 가 지
올 라 가 지 늦 가 지 찐 가 지 달 린 가 지
조 롱 조 롱 맺 힌 가 지 열 린 가 지 달 린 가 지

도롱도롱달린가지젊은가지늙은가지
나물할가지냉국탈가지가지각색가려놓아도
나못먹긴마찬가지

제가 처음 MBC 입사해 수습일 때 전체 교육 두 달 후 아나운서실에 배치돼 처음 받은 교육이 바로 이 교육입니다. 아침 9시부터 오후 6시까지 뉴스를 절대 문장으로 못 읽게 하고 이 연습만 계속해서 했습니다. 음가 하나하나 명확히 하는 교육만 시켜서 너무 실망했던 기억이 생생한데 이렇게 음가를 명확히 한 후 방송에 투입되니 발음이 확 달라지는 것을 느낄 수 있었습니다. 그런 경험을 한 후엔 어떤 연습이건 참 열심히 했습니다. 이유 없는 훈련은 없습니다. 그러니 요령 피우지 말고 명확히 해봅시다.

봄밤꿈봄저녁꿈여름낮꿈여름밤꿈
오동추야가을밤꿈동지섣달긴긴밤에님만난꿈
뜰에콩깍지깐콩깍지인가, 안깐콩깍지인가
간장공장공장장은강공장장이고,
된장공장공장장은공공장장이다
백양양화점옆에백영양화점, 백영양화점옆에백양
양화점

앞집 뒷밭은 콩밭이요, 뒷집 옆밭은 팥밭이다
옆집 팥죽은 붉은 풋팥죽이고
앞집 팥죽은 파란 풋팥죽이다
깔순이가 그린 기린 그림은 상안탄 기린 그림이다
저기 있는 저분이 박법학 박사이고
여기 있는 이분이 백법학 박사이다

이제부터는 복모음이 많이 나오니 발음에 더 신경 써주세요. 대부분 사람이 이 복모음을 너무 대충 발음하거든요. 일단 발음을 명확히 하면서 입 근육, 얼굴 근육을 자연스럽게 푸는 게 중요합니다. 좀 더 신경 써서 해볼까요?

대한관광공사 곽진관 관광과장
조달청 청사 창살도 쇠창살, 항만청 청사 창살도 쇠창살
강창성 해운항만청장과 진봉준 강릉 전매지청장
저 말뚝이 맨 말뚝 맬 만한 말뚝인가 말 못 맬 만한 말뚝인가
안병휘 대통령 특별보좌관
사다트 이집트 대통령과 아사드 시리아 대통령

수고했어요! 입이 좀 얼얼해야 제대로 연습한 건데 어떠신가요?
이번엔 같은 원고를 내용에 따라 띄어 읽기도 해봅니다. 여기에선 명확한 발음, 또박또박 얘기하는 리듬감 익히기, 말이 빨라지지

않고 뭉개지는 발음 없애기가 목표입니다.

이번엔 좀 더 난이도를 올려볼게요. 역시 음가 하나하나 명확히 해봅시다.

1. 저 한국 항공 화물 항공기는 출발할 한국 항공 화물 항공기인가 출발 안할 한국 항공 화물 항공기인가

2. 박 범 복 군은 밤 벚꽃 놀이를 가고, 방 범 복 양은 낮 벚꽃 놀이를 간다

3. 작은 토끼 토끼 통 옆 큰 토끼 토끼 통 큰 토끼 토끼 통 옆 작은 토끼 토끼 통

4. 내가 그린 구름 그림은 새 털 구름 그린 그림이고 네가 그린 구름 그림은 솜 털 구름 그린 그림이다

5. 복 씨 땅콩 장수의 막 볶은 따뜻한 땅콩 안 씨 땅콩 장수의 덜 볶은 뜨뜻한 땅콩

6. 건넛마을 김 부자 댁 시렁 위에 얹힌 푸른 청청 조 좁쌀은 쓸은 푸른 청청 조 좁쌀이냐 안 쓸은 푸른 청청 조 좁쌀이냐

7. 앞집 안방 장판장은 노란 꽃 장판장이고 뒷집 안방 장판장은 빨간 꽃 장판장이다

8. 정경 담당 정 선생님 상담 담당 성 선생님

9. 철수책상새책상철수책장헌책장칠수책상새책
상칠수책장헌책장

10. 육통통장적금통장은황색적금통장이고팔통
통장적금통장은녹색적금통장이다

11. 호동이문을도로록드르륵두루룩열었는가도
루룩드로록두르룩열었는가

12. 봄꿀밤단꿀밤가을꿀밤안단꿀밤

13. 호동이밥집술국밥값갚고외나무밥집장국밥
값은안갚고내빼려고한다

14. 저기저미트소시지소스스파게티는크림소시
지소스스테이크보다비싸다

15. 앞집꽃집은장미꽃꽃집이고옆집꽃꽃이집은
튤립꽃꽃꽃이집이다

16. 닭발바닥은싸움닭발바닥이제일크고밤발바
닥은쌍밤발바닥이제일크다

17. 불불이네벨벨이는벨벨하고불불하고벨벨이
네불불이는벨벨하고불불하다

18. 저기내려오는별똥별은빛나는쌍번별똥별인
가?빛나는쌍범별똥별인가

수고했습니다. 어떠세요?

볼이 얼얼하고 발음도 꼬이고 생각보다 힘들죠?

이 훈련을 통해 입술의 근육을 키우고 얼굴의 근육을 움직여 자연스러운 표정과 발음이 나오는 훈련을 한 겁니다. 오늘 하루 말할 때 입술을 움직여 말하는 훈련을 의식하며 해보시길 바랍니다. 이것뿐 아니라 책이나 신문도 이런 식으로 한번 입술을 움직여 말을 해보면 발음에 정말 도움이 됩니다. 근육을 키울 때도 숨이 꼴까닥 넘어가는 순간에 근육이 생긴다고 하죠? 처음이라 힘들지만 곧 변할 자신을 기대해보세요. 오늘도 수고하셨습니다!

Script

오늘의 연습문장

안녕(1)하세요(1234) 홍(1)길동입니다.
훌륭한 말은/ 훌륭한 무기입니다.
그래서/ 말을 제대로 공부하는 것은/ 무엇보다 중요합니다.

＊ 주의사항
위의 문장도 역시 웃으면서, 발음 연습할 때처럼 〈그으~~, 기이~~〉 하고 난 후에 연습문장 들어가세요. 목소리 연습에서 웃는 표정을 강조하는 이유는 웃는 표정으로 말을 하면 말의 뉘앙스가 달라지고 훨씬 듣기 좋은 호감 가는 목소리가 되기 때문입니다.
그리고 발음 연습도 마찬가지로 목소리는 좋은데 말이 정확히 무슨 소리인지 못 알아들을 때가 있죠?

목소리가 아무리 좋아도 말의 내용이 안 들리면 그 말은 말로서의 가치가 없답니다. 좋은 목소리로 인식시키기 위해선 귀에 쏙쏙 들어오는 발음이 무엇보다 중요합니다. 또한 이렇게 발음을 명확하게 연습하는 이유는 대부분 사람이 앞의 첫 한마디 정도만 명확하고 천천히 발음하고 뒤로 갈수록 말의 속도도 빨라지고 속도가 빨라지다 보니 발음도 불명확하게 들리기 때문입니다. 예를 들면 "오늘 날씨가 참 좋네요! 이런 날은 야외로 나가 바람 한번 쐬고 싶죠?"라고 한다면

오늘 날씨가 참 좋네요! 이런 날은 야외로
나가 바람 한번 쐬고 싶죠?

대부분 이렇게 말을 하기에 이런 말버릇을 고치기 위한 방법입니다.

좀 귀찮고 이런 게 도움이 되겠나 하지만 이런 훈련은 마음이 급해지고 당황될 때 자신을 커버할 수 있는 아주 좋은 방법이니 명확하게 하는 훈련을 확실히 하시기 바랍니다.

The end.

4 Day

노래하듯 말하며 더하는 리듬감
: 숫자와 문장 읽기

오늘은 말에 리듬을 더하는 훈련을 할 겁니다.

말에 리듬이 실리면 같은 말이라도 훨씬 잘 들립니다. 그래서 말은 노래하듯 해야 하고 노래는 말하듯 해야 전달이 잘됩니다. 즉 딱딱하게 얘기하는 게 아니라 잘 알아듣게 하기 위해 말에 강, 약을 넣는 겁니다.

강, 약, 중간 강, 약 / 강, 약, 중간 강, 약

이런 식으로 말입니다.

쉽게 얘기하면 어간에 힘을 주고 첫 음절에도 힘을 주되 조사는 작게 하라는 것입니다. 방송인의 말을 잘 들어보세요. 유난히 앞 음절이 명확히 들리는 걸 알 수 있을 겁니다. 그렇게 하지 않으면 뜻이 제대로 전달이 안 되기 때문입니다. 말에 리듬을 넣고 뜻을 제대로 전달하기 위해선 악센트와 장단음을 제대로 발음해야 합니다. 오늘은 먼저 악센트 넣는 훈련부터 하겠습니다.

악센트를 넣지 않으면 금방 재미없고 지루한 말이 됩니다. 똑같은 한국어를 하더라도 무슨 주문 외우는 것 같은 느낌이 들게 됩니다. 영어를 배울 때 우리는 외국인의 표정과 입 모양, 감정까지도 배웁니다. 일어도 그렇고 중국어, 불어, 독어 등 모든 외국어를 배울 땐 그 나라 사람들의 느낌을 넣는 방법도 배우지만 유독 우리말을 할 땐 최대한 감정을 배제하고 배우게 됩니다. 바로 이 방법만 고쳐도 살아있는 말이 됩니다. 예를 들면 "You are so beautiful"을 발음할 때 "유아 소 뷰티플"이라고 하지 않습니다. "유아 쏘~오 뷰~티플"이라며 웃으면서 느낌을 충분히 줘야 그 느낌을 제대로 전할 수 있습니다. 악센트가 들어가면 말에 리듬감이 생깁니다. 리듬감이 있는 말은 당연히 전달력이 좋아지겠죠?

그럼 먼저 복식 호흡, 발성으로 워밍업부터 해볼까요?

복식 호흡, 복식 발성 (5분 정도 연습)

풍선 불기로 호흡 익히기를 먼저 해봅니다. 어제보다 훨씬 쉬워졌나요?

호흡 몇 번 만에 풍선이 빵빵해지는지 자신의 내뱉은 호흡의 양을 체크해보세요.

이제 '가갸거겨' 음가도 명확히 합시다. 이 역시 5분 정도 하면 됩니다.

발음 연습표

가아 갸아 거어 겨어 고오 교오 구우 규우 그으 기이

나아 냐아 너어 녀어 노오 뇨오 누우 뉴우 느으 니이
다아 댜아 더어 뎌어 도오 됴오 두우 듀우 드으 디이
라아 랴아 러어 려어 로오 료오 루우 류우 르으 리이
마아 먀아 머어 며어 모오 묘오 무우 뮤우 므으 미이
바아 뱌아 버어 벼어 보오 뵤오 부우 뷰우 브으 비이
사아 샤아 서어 셔어 소오 쇼오 수우 슈우 스으 시이
아아 야아 어어 여어 오오 요오 우우 유우 으으 이이
자아 쟈아 저어 져어 조오 죠오 주우 쥬우 즈으 지이
차아 챠아 처어 쳐어 초오 쵸오 추우 츄우 츠으 치이
카아 캬아 커어 켜어 코오 쿄오 쿠우 큐우 크으 키이
타아 탸아 터어 텨어 토오 툐오 투우 튜우 트으 티이
파아 퍄아 퍼어 펴어 포오 표오 푸우 퓨우 프으 피이
하아 햐아 허어 혀어 호오 효오 후우 휴우 흐으 히이

오늘은 어제와 똑같은 표이지만 오늘은 악센트를 넣어 리듬을 살리고 더 정확하게 읽는 훈련을 통해 말에 리듬을 넣는 훈련을 할 겁니다. 오늘의 포인트는 아래와 같습니다.

1. 조사가 늘어지지 않게
2. 상상하면서 더 리얼하게
3. 안 되면 MOTION으로 같이 하기
4. 절대 빨리 읽으면 안 됩니다.
5. 의미마다 끊어 읽어야 합니다.
6. 붉은색 – 강하게 / 파란색 – 중간 강

명심해서 잘 따라와 주세요.

가고 가고/ 기어 가고/ 걸어 가고/ 뛰어 가고
지고 가고/ 이고 가고/ 놓고 가고/ 들고 가고
쥐고 가고/ 잡고 가고/ 자꾸 가고

어느 정도 됐으면 다음 문장 들어갑니다. 같은 방법으로 하시면 됩니다. 청산유수처럼 끊기지 않는 화술보다 말에 느낌을 담아 얘기하는 훈련이 더 중요합니다.

뻗은 가지/ 굽은 가지/ 구부러진 가지/ 가지가지의 가지
올라 가지/ 늦가지/ 찐가지/ 달린 가지
조롱조롱 맺힌 가지/ 열린 가지/ 달린 가지
도롱도롱 달린 가지/ 젊은 가지/ 늙은 가지
나물할 가지/ 냉국 탈 가지/ 가지각색 가려 놓아도
나 못 먹긴 마찬가지

다음 문장입니다.

봄밤꿈/ 봄저녁꿈/ 여름낮꿈/ 여름밤꿈
오동추야 가을밤꿈/ 동지 섣달 긴긴 밤에/ 님 만난 꿈

이렇게 명사, 명사의 조합으로 이뤄진 복합명사는 명사마다 띄어

읽기를 해야 그 의미가 제대로 전달됩니다. 그냥 쭉 읽으면 무슨 말인지 모르기 때문에 아래처럼 띄어쓰기하고 강조해 발음해야 하는 부분들은 다른 색으로 표시했습니다.

다시 뜻을 음미하며 읽어보세요.

봄 밤 꿈/ 봄 저녁 꿈/ 여름 낮 꿈/ 여름 밤 꿈
오동추야 가을 밤 꿈/ 동지 섣달 긴~ 긴~ 밤에/ 님 만난 꿈

어떤가요? 의미가 좀 느껴지나요?

애절하게 님을 그리면서 오매불망 꿈속에서라도 님을 만나고 싶은 심정이 좀 느껴지지 않나요? 사실 이 시조는 황진이가 서경덕을 그리면서 쓴 사랑가인데 그 절절한 마음을 아무 느낌 없이 읽어버린다면 예의가 아니겠죠?

다시 의미를 생각하며 다시 읽어보시죠.

봄 밤 꿈/ 봄 저녁 꿈/ 여름 낮 꿈/ 여름 밤 꿈
오동추야 가을 밤 꿈/ 동지 섣달 긴~ 긴~ 밤에/ 님 만난 꿈

아까와는 좀 달라지셨나요?

말은 얼마나 정성을 기울이냐에 따라 완전히 의미가 달라집니다. 다음 문장은 혼동하기 쉬운 문장들이니 뜻을 명확히 생각하며 읽어보세요.

> 뜰에 콩깍지/ 깐 콩깍지인가,/ 안 깐 콩깍지인가
>
> 간장공장 공장장은/ 강 공장장이고,/ 된장공장 공장장은/ 공 공장장이다
>
> 백양 양화점 옆에/ 백영 양화점,/ 백영 양화점 옆에/ 백양 양화점
>
> 앞집 뒷밭은/ 콩밭이요, 뒷집 옆밭은/ 팥밭이다
>
> 옆집 팥죽은/ 붉은 풋 팥죽이고/ 앞집 팥죽은/ 파란 풋 팥죽이다
>
> 깔순이가 그린 기린 그림은/ 상 안 탄 기린 그림이다
>
> 저기 있는 저분이/ 박 법학 박사이고
>
> 여기 있는 이분이/ 백 법학 박사이다

여기 이 문장들은 우리가 발음이 잘 안 되는 또는 어려운 발음들로, 게임처럼 말하곤 했던 문장들입니다. 웃으면서 하면 게임의 하나로 볼 수 있지만, 의미를 하나씩 담게 되면 하나하나 깊이가 느껴진답니다. 발음 연습에서도 모든 의미를 느끼고 상상하면서 하는 훈련을 하기 바랍니다. 특히 아래 문장은 우리가 누군가에게 제삼자를 소개할 때 많이 쓰는 말입니다.

간장공장의 공장장이 강 씨고, 된장공장의 공장장은 공 씨란 얘기입니다. 그런데 이 글을 이렇게 검은색으로 띄어쓰기 없이 써놓고 시켜보면

> 간장공장 공장장은/ 강공장장이고,/ 된장공장 공장장은/ 공공장장이다

한 70%는 된장공장 공장장은 "공공장장이다"라고 읽어버립니

다. 한번 이렇게 상상해보시길 바랍니다. 간장공장 공장장은 강동원. 된장공장 공장장은 공유!

이러면 확 느낌이 와서 다시 제대로 읽게 됩니다. 글을 읽을 때 아무 생각 없이 읽는 것이 아니라 의미를 생각하면서 읽는다는 것 그래야 말이 입체적으로 살아난다는 것을 꼭 기억하세요.

> **간장공장 공장장은/ 강공장장이고,/ 된장공장 공장장은/ 공공장장이다**

다음 문장은 약도를 그리듯 말해보세요.

> **백양 양화점 옆에/ 백영 양화점,/ 백영 양화점 옆에/ 백양 양화점**
> **앞집 뒷밭은/ 콩밭이요, 뒷집 옆밭은/ 팥밭이다**

백영과 백양을 헷갈리면 그 건물 근처에 가서 다시 전화 옵니다. 어디로 가야 하냐고 말입니다. 그러니 발음을 정확하게 길을 알려주듯 하시길 바랍니다. 콩밭, 팥밭도 마찬가지입니다. 이런 세심한 것들을 놓치면 상대방이 내 말을 못 알아듣게 됩니다.

다음 문장입니다. 참 가슴 아픈 문장이네요.

깔순이가 얼마나 가슴 아팠겠어요? 상을 안 타서 말입니다. 그 마음을 기억하며 한번 읽어보세요.

> **깔순이가 그린 기린 그림은/ 상 안 탄 기린 그림이다**

다음 문장도 누군가에게 사람을 소개할 때 잘 쓰는 말인데 실수하기 쉬운 말이기도 합니다.

> 저기 있는 저분이/ 박 법학 박사이고
> 여기 있는 이분이/ 백 법학 박사이다

혹시라도 이름을 틀리게 말하면 정말 큰 실례를 하는 것이니 성과 이름과 직함은 항상 분리해 발음하는 것이 좋습니다. 만일 사장님께 오늘 오신 초청 인사를 소개한다 생각해보세요.

생각지도 않았던 이런 말에서 실수하게 되면 자괴감이 들 정도로 자신이 없어지니 꼭 기억하시길 바랍니다.

이름과 직함은 분리한다! 꼭 기억하시고 다음, 복모음 발음과 복합명사를 구분해 발음하는 훈련으로 넘어가 봅시다.

> 대한관광공사/ 곽진관/ 관광과장
> 조달청 청사 창살도/ 쇠창살, 항만청 청사 창살도/ 쇠창살
> 강창성/ 해운항만청장과/ 진봉준/ 강릉전매지청장
> 저/ 말 맨 말뚝/ 말/ 맬 만한 말뚝인가/ 말/ 못 맬 만한 말뚝인가
> 안병휘/ 대통령 특별보좌관
> 사다트/ 이집트 대통령과/ 아사드/ 시리아 대통령

특히 다음 문장들은 복모음과 복합명사로 돼있어 제대로 발음하

기 힘들어합니다.

　이럴 때일수록 의미를 생각하면서 해야 합니다. 이때 앞음절 악센트를 안 주면 발음이 참 힘들어지고 이상한 발음으로 들립니다. 이 문장은 대개 이렇게 발음을 합니다.

> ## 대한관광공사/ 곽진관/ 관광과장

　대한 간강공사 각진간 간강까장. 이렇게 들리면 이 이름의 당사자는 정말 기분 나쁘겠죠? 자 다시 정확히 해보시죠.

> ## 대한/관광공사/ 곽/진관/ 관광과장

　확 달라지죠! 그래서 앞음절 악센트가 중요합니다. 다음 이 문장은 어떤가요?

> ## 강창성/ 해운항만청장과/ 진봉준/ 강릉전매지청장

　이 문장은 직함이 어렵죠? 이럴 때일수록 강약을 구분하고 직함에 대한 이해를 한 후 말하는 것이 중요합니다. 살짝 끊어 읽어주면 좀 더 정확하게 전달할 수 있습니다. 아래 표기대로 다시 한번 읽어볼까요? 복합명사는 명사와 명사를 살짝 나눠준다는 것 잊지 마시고요.

강창성/ 해운/ 항만/ 청장과/ 진봉준/ 강릉/ 전매/ 지청장

다음은 이름과 직함을 나눠 읽는 연습입니다. 이름과 직함은 동격이기 때문에 나눠서 읽어주셔야 합니다.

안병휘/ 대통령 특별보좌관
사다트/ 이집트 대통령과/ 아사드/ 시리아 대통령

그런데 이 문장을 시켜보면 첫음절 악센트를 너무 신경 써서 모든 단어를 띄어 읽기를 하는 경우가 있습니다.

안병휘/ 대통령/ 특별보좌관(X)
사다트/ 이집트/ 대통령과/ 아사드/ 시리아/ 대통령(X)

이렇게 읽게 되면 명확히 발음하기는 했어도 그 뜻이 전달되지 않습니다.
한번 아래처럼 붉은색은 강하게, 파란색은 조금 강하게 강약 조절을 하면서 읽어보시기 바랍니다.

안병휘/ 대통령특별보좌관(O)
사다트/ 이집트대통령과/ 아사드/ 시리아대통령(O)

좀 달라지는 게 스스로 느껴지시나요?

자꾸 연습하면서 다듬어 가시면 매일 달라지는 모습을 분명 만날 수 있습니다. 다시 한번 아래 원고들로 복습해볼까요?

가고 가고/ 기어 가고/ 걸어 가고/ 뛰어 가고

지고 가고/ 이고 가고/ 놓고 가고/ 들고 가고

쥐고 가고/ 잡고 가고/ 자꾸 가고

뻗은 가지/ 굽은 가지/ 구부러진 가지/ 가지가지의 가지

올라 가지/ 늦가지/ 찐가지/ 달린 가지

조롱조롱 맺힌 가지/ 열린 가지/ 달린 가지

도롱도롱 달린 가지/ 젊은 가지/ 늙은 가지

나물할 가지/ 냉국 탈 가지/ 가지각색 가려 놓아도

나 못 먹긴 마찬가지

봄 밤 꿈/ 봄 저녁 꿈/ 여름 낮 꿈/ 여름 밤 꿈

오동추야 가을 밤 꿈/ 동지 섣달 긴~ 긴~ 밤에/ 님 만난 꿈

뜰에 콩깍지/ 깐 콩깍지인가,/ 안 깐 콩깍지인가

간장공장 공장장은/ 강 공장장이고,/ 된장공장 공장장은/ 공 공장장이다

백양 양화점 옆에/ 백영 양화점,/ 백영 양화점 옆에/ 백양 양화점

앞집 뒷밭은/ 콩밭이요, 뒷집 옆밭은/ 팥밭이다

옆집 팥죽은/ 붉은 풋 팥죽이고/ 앞집 팥죽은/ 파란 풋 팥죽이다

깔순이가 그린 기린 그림은/ 상 안 탄 기린 그림이다

저기 있는 저분이/ 박 법학 박사이고

여기 있는 이분이/ 백 법학 박사이다

대한관광공사/ 곽진관/ 관광과장

조달청 청사 창살도/ 쇠창살, 항만청 청사 창살도/ 쇠창살

강창성/ 해운항만청장과/ 진봉준/ 강릉전매지청장

저/ 말 맨 말뚝/ 말/ 맬 만한 말뚝인가/ 말/ 못 맬 만한 말뚝인가

안병휘/ 대통령 특별보좌관

사다트/ 이집트 대통령과/ 아사드/ 시리아 대통령

Script

오늘의 연습문장

시작하기에 늦은 나이는 없습니다.

늦었다고 생각할 때가 가장 적절한 타이밍입니다.

이 타이밍을 놓치지 마시기 바랍니다.

The end.

오늘의 포인트는 이것입니다.

1. 조사가 늘어지지 않게
2. 상상하면서 더 리얼하게
3. 안 되면 MOTION으로 같이 하기
4. 절대 빨리 읽으면 안 됩니다.
5. 의미마다 끊어 읽어야 합니다.
6. 붉은색 – 강하게 / 파란색 – 중간 강

지금까지의 훈련은 얼굴 근육을 푸는 것에 집중하며 자유자재로 움직이는지를 파악하는 것에 집중했습니다. 이렇게 연습하면 편안한 표정을 쉽게 지을 수 있기 때문입니다. 얼굴 근육이 너무 당기고 뒷골도 땅하면서 가슴이 답답하고 숨도 벅찰 겁니다. 이건 호흡이 길지 않기 때문에 생기는 현상입니다. 이런 증상이 나타나면 내 호흡이 많이 짧구나 생각하세요. 호흡 훈련을 더 하길 권합니다. 이런 증상들은 최소 3주가 지나면 편해질 겁니다. 최소한 이런 훈련을 해야 말할 때 표정, 말의 리듬, 자연스러움, 당당함을 키워갈 수 있습니다.

5 Day

제대로 내용 전달하기
: 장단음에 따라 달라지는 의미 파악하기

벌써 5일째입니다. 이제 복식 호흡과 발성은 좀 익숙해졌나요? 혹시 목소리가 쉰 사람은 없겠죠?

목이 아프다면 목에 힘을 너무 준 것이니 어깨부터 힘을 빼고 천천히 해보세요. 혼자 책을 보면서 하는 것보다 가능한 거울을 보면서 하면 훨씬 재미있게 할 수 있습니다.

그럼 오늘도 시작해볼까요?

우리 말에서 뜻을 제대로 전달할 때 가장 중요한 게 바로 장단음 구별입니다. 그런데 장단음도 제대로 하려면 너무 어렵고 복잡합니다. 영어의 악센트로 뜻을 구별하듯이 우리도 말의 장단음으로 뜻을 구별하기에 우리말을 제대로 발음하려면 장단음을 이해해야 합니다. 사실 장단음을 제대로 발음하지 않으면 메시지 전달이 안 됩니다. 더 놀라운 건 이 장음만 제대로 발음해도 말이 참 편하게 술술 나오게 된다는 것입니다.

아나운서 교육에서 가장 중요한 것이 장단음이기에 아나운서들은 원고를 받으면 제일 먼저 이 장단음 체크와 띄어 읽기를 표시합니다. 그만큼 기본적이고 가장 중요한 요소인 까닭입니다.

특히 제가 교육을 할 때 이 장단음의 중요성을 제일 강조하는 이유는 장단음 파악이 실수를 줄일 수 있는 방법이기 때문입니다. 뉴스를 할 때 장음을 한번 놓치면 글을 읽을 때 계속 틀리게 되고, 숨이 차서 유창하게 뉴스를 전달할 수 없습니다.

저도 아나운서 초창기 시절 뉴스가 읽히지도 않고 너무 힘들어서 그 해결책을 찾다 발견한 게 바로 이 장단음입니다. 장단음에서 우리 한글의 우수성을, 과학적인 시스템을 느끼기도 했습니다.

이제부터 차근차근 잘 훈련해보겠습니다.

그럼 먼저 복식 호흡과 발성으로 워밍업부터 해볼까요?

복식 호흡, 풍선 호흡, 소리 뱉기를 천천히 반복하며 몸을 풀어주시기 바랍니다.

복식 호흡을 마무리한 후에는 가갸거겨, 음가도 명확히 연습합니다.

'하와이' 하면서 스마일 표정 짓고 위의 치아 보이는지 입 모양 잡아가면서 시작!

발음 연습표

가아 갸아 거어 겨어 고오 교오 구우 규우 그으 기이
나아 냐아 너어 녀어 노오 뇨오 누우 뉴우 느으 니이
다아 댜아 더어 뎌어 도오 됴오 두우 듀우 드으 디이
라아 랴아 러어 려어 로오 료오 루우 류우 르으 리이
마아 먀아 머어 며어 모오 묘오 무우 뮤우 므으 미이
바아 뱌아 버어 벼어 보오 뵤오 부우 뷰우 브으 비이

사아 샤아 서어 셔어 소오 쇼오 수우 슈우 스으 시이
아아 야아 어어 여어 오오 요오 우우 유우 으으 이이
자아 쟈아 저어 져어 조오 죠오 주우 쥬우 즈으 지이
차아 챠아 처어 쳐어 초오 쵸오 추우 츄우 츠으 치이
카아 캬아 커어 켜어 코오 쿄오 쿠우 큐우 크으 키이
타아 탸아 터어 텨어 토오 툐오 투우 튜우 트으 티이
파아 퍄아 퍼어 펴어 포오 표오 푸우 퓨우 프으 피이
하아 햐아 허어 혀어 호오 효오 후우 휴우 흐으 히이

이제 어제 공부한 악센트 주는 법 복습해봅니다.

가고 가고/ 기어 가고/ 걸어 가고/ 뛰어 가고
지고 가고/ 이고 가고/ 놓고 가고/ 들고 가고
쥐고 가고/ 잡고 가고/ 자꾸 가고
뻗은 가지/ 굽은 가지/ 구부러진 가지/ 가지가지의 가지
올라 가지/ 늦가지/ 찐가지/ 달린 가지
조롱조롱 맺힌 가지/ 열린 가지/ 달린 가지
도롱도롱 달린 가지/ 젊은 가지/ 늙은 가지
나물할 가지/ 냉국 탈 가지/ 가지각색 가려 놓아도
나 못 먹긴 마찬가지
봄 밤 꿈/ 봄 저녁 꿈/ 여름 낮 꿈/ 여름 밤 꿈
오동주야 가을 밤 꿈/ 동지 섣달 긴~ 긴~ 밤에/ 님 만난 꿈
뜰에 콩깍지/ 깐 콩깍지인가,/ 안 깐 콩깍지인가

간장공장 공장장은/ 강 공장장이고,/ 된장공장 공장장은/ 공 공장장이다

백양 양화점 옆에/ 백영 양화점,/ 백영 양화점 옆에/ 백양 양화점

앞집 뒷밭은/ 콩밭이요, 뒷집 옆밭은/ 팥밭이다

옆집 팥죽은/ 붉은 풋 팥죽이고/ 앞집 팥죽은/ 파란 풋 팥죽이다

깔순이가 그린 기린 그림은/ 상 안 탄 기린 그림이다

저기 있는 저분이/ 박 법학 박사이고

여기 있는 이분이/ 백 법학 박사이다

대한관광공사/ 곽진관/ 관광과장

조달청 청사 창살도/ 쇠창살, 항만청 청사 창살도/ 쇠창살

강창성/ 해운항만청장과/ 진봉준/ 강릉전매지청장

저/ 말 맨 말뚝/ 말/ 맬 만한 말뚝인가/ 말/ 못 맬 만한 말뚝인가

안병휘/ 대통령 특별보좌관

사다트/ 이집트 대통령과/ 아사드/ 시리아 대통령

어제보다는 좀 더 쉬워졌을 거라 믿습니다. 하루만 해도 달라졌
는데 매일 조금씩 하면 얼마나 더 좋아지겠어요? 믿음과 희망을
갖고 이제 장단음 구별 시작해볼까요?

장단음 발음은 뜻을 생각하며 해야 정확히 발음된다는 것을 잊
지 마세요.

눈(眼) – 눈:(雪) (누운)
눈에 눈:이 들어가니 눈물인지 눈:(누운)물인지 모르겠다

눈(眼)과 눈:(雪) 짧고 길게 발음하라는데 어느 정도로 길게 해야 하는지 제일 혼란스러워합니다. 이때 쉽게 구분하려면 장음은 누운으로 발음하면 됩니다.

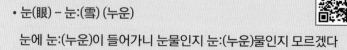

- 눈(眼) – 눈:(雪) (누운)

  눈에 눈:(누운)이 들어가니 눈물인지 눈:(누운)물인지 모르겠다

- 말(馬) – 말:(言) (마알)

  말을 타고 말:(마알)을 하니 말이 말:(마알)을 알아듣나?

- 발(足) – 발:(廉) (바알)

  발을 씻고 난 뒤 마루에 올라 발:(바알)을 쳤다

- 밤(夜) – 밤:(栗) (바암)

  겨울밤에 밤:(바암) 구워 먹는 맛을 아십니까?

- 벌(罰) – 벌:(昆蟲) (버얼)

  벌을 받고 있는데 벌:(버얼)이 머리 위로 날아 벌:벌 떨다

- 노상(恒常) – 노:상(路上) (노오)

  아이들이 노상 노:(노오)상에서 노니 불안하다

- 동경(東京) – 동:(도옹)경(憧憬)

  동경을 늘 동:(도옹)경하고 있는 북해도의 하루꼬

- 부자(夫子) – 부:(부우)자(富者)

  불날 집 없는 거지부자는 부:(부우)자가 아닌 게 자랑이다

- 분수(分數) – 분:(부운)수(入場)

  분수를 배우는 것은 분:(부운)수를 알라는 것이다

- 사과(綾衾) – 사:(사아)과(謝過)

  사과를 들고 사:(사아)과하다

- 새집(新閤) – 새:(새애)집(鳥집)

  새집들이를 갔더니 현관에 새:(새애)집이 걸려 있었다

- 신문(新聞) – 신:(시인)문(訊問)

  신문을 보던 그가 신:(시인)문을 시작했다

- 연기(煙氣) – 연:(여언)기(演技)

  긴 담배연기 내뿜는 그의 연:(여언)기는 일품이다

- 재기(才氣) – 재:(재애)기(再起)

  재기가 넘치는 그는 곧 재:(재애)기할 것이다

- 천재(天才) – 천:(처언)재(淺才)

  내 비록 천재는 못될망정 천:(처언)재는 아니다

잘 안 된다면 다시 뜻을 생각하며 해보세요.

소리만 내면 안 됩니다. 그 뜻을 생각해야 보다 완벽한 전달이 가능해집니다.

다음은 숫자의 장음입니다.

고유어- 둘: 셋: 넷: 쉰: 열:

한자어- 이:, 사:, 오:, 만: (二, 四, 五, 萬)

24553 이:만 사:천 오:백 쉰: 셋:

25 이:십오: 12 열:둘:

4252 사:천 이:백 쉰: 둘:

15024 만: 오:천 이:십 사:

자동차 3대, 4대- 자동차 석:대, 넉:대

맥주 3잔 -석: 잔

소주 4잔 -넉: 잔

비행기표 3장-석:장

기차표 4장-넉:장

사람 2명, 3명, 4명-두:명, 세:명, 네:명

연습하면서 느끼셨을 테지만 장단음은 단어가 어떤 의미로 쓰이는지를 명확히 하고 뜻을 제대로 전하기 위한 것입니다. 이는 표준어를 명확하게 발음하게 하고 말의 품위를 돋보이게 합니다. 장음을 제대로 하면 발음을 훨씬 편하게 할 수 있다는 장점도 있습니다. 사실 장단음으로 뜻이 달라지는 동음이의어는 현재 만오천 개 정도 됩니다. 놀라셨죠? 이를 다 짚어서 살펴볼 수는 없지만 한자를 보면서 한번 자주 쓰는 장단음 단어와 뉴스에 쓰이는 장음을 살펴보겠습니다. 이것만 정확하게 발음해도 말의 품격이 확 달라집니다.

장음에 의한 의미 구분

가:장(假葬.假裝)/가장(家長) 고:해(告解)/고해(苦海)

과:거(過去)/과거(科擧) 부:자(富者)/부자(父子)

가:정(家定)/가정(家庭) 금:주(禁酒)/금주

새:집(새의 집)/새집(新屋) 연:기(演技)/연기(煙氣)

돌:집(석조건물)/돌집(생일집) 사:과(謝過)/사과(과일)

시:계(視界)/시계(時計) 여:권(與圈)/여권(女權.旅券)

고:전(古典)/고전(苦戰) 모:자(母子)/모자(帽子)

간: (肝)/간(간을 보다) 전:철(電鐵)/전철(前轍)

정:당(正堂)/정당(政黨) 과:장(誇張)/과장(課長)

광:주(廣州)/광주(光州) 구:두(口頭)/구두(신발)

뉴스에 자주 쓰이는 장음

방:송, 보:도, 취:재, 현:장, 현:재, 현:황, 계:획, 예:정,
오:전, 오:후, 말:씀, 사:람, 대:통령, 장:관, 퍼:센트,
2:, 4:, 5:, 만:, 검:찰, 경:찰, 사:건, 사:고, 병:원, 사:망,
이:하, 이:상, 미:국, 유:럽, 광:주, 제:주, 영:동, 경:북,
경:남, 위:하다, 없:다, 말:했다

Script

오늘의 연습문장

전라도 광주는 광:주가 아니라 광주. 짧게 발음합니다.

반:면 경기도 광:주는 광주가 아니라 광:주 길:게 발음한다는 것, 꼭 기억하세요!

The end.

오늘의 포인트는 이것입니다.

1. 우리말에 장음으로 발음해야 하는 단어들이 있다는 것
2. 장음을 얼마만큼 길게 빼야 하는지를 익히는 시간이었다는 것
3. 갑자기 늘 써왔던 말을 장음으로 발음하려면 정말 어색해지니 차츰 익숙해지게 하라는 것
4. 이 장음만 익히면 우리말의 고수가 될 수 있다는 것

6 Day

말에 생명력 넣기
: 악센트 학습으로 말에 힘 조절하기

그동안 복식 호흡, 발성, 발음, 앞 음절 악센트, 장단음을 익혔는데 이제는 말을 좀 더 맛있게 하는 법을 익혀보겠습니다. 아무리 발음이 정확해도 말이 듣고 싶고 재미와 흥미가 느껴지지 않는다면 그건 소음과 다를 바가 없습니다. 상대를 피곤하게 하는 말이 되는 겁니다. 우리가 보이스 훈련을 하는 것도 목소리를 키우는 것뿐 아니라 궁극적으로는 메시지를 잘 들리게 하기 위해서입니다. 그리고 자신, '나'라는 사람을 좀 더 매력적으로 각인시키기 위함이기도 합니다.

그러려면 무엇보다 말을 듣고 싶게 해야겠죠?

말을 듣고 싶게 하려면 먼저 장단음을 적용해 문장을 읽어야 합니다. 그리고 내용을 머릿속에 넣고 상상하면서 읽는 것이 필요합니다. 우리말은 상상하며 느낌을 넣을 때, 바로 장단음이 자연스럽게 발음되기 때문입니다.

그럼 첫날 테스트했던 원고로 입체감을 넣어보겠습니다.

매일 연습 들어갈 때 복식 호흡과 복식 발성하는 건 잊지 않았죠?

풍선을 이용한 연습, 티슈를 이용한 연습도 계속하길 바랍니다.

호흡을 때로는 힘 있게 그러면서도 거칠어지지 않게 자신이 조절

할 수 있어야 합니다.

복식 호흡 후 아래 발음으로 음가 연습에 들어가봅니다.

발음 연습표

가아 갸아 거어 겨어 고오 교오 구우 규우 그으 기이
나아 냐아 너어 녀어 노오 뇨오 누우 뉴우 느으 니이
다아 댜아 더어 뎌어 도오 됴오 두우 듀우 드으 디이
라아 랴아 러어 려어 로오 료오 루우 류우 르으 리이
마아 먀아 머어 며어 모오 묘오 무우 뮤우 므으 미이
바아 뱌아 버어 벼어 보오 뵤오 부우 뷰우 브으 비이
사아 샤아 서어 셔어 소오 쇼오 수우 슈우 스으 시이
아아 야아 어어 여어 오오 요오 우우 유우 으으 이이
자아 쟈아 저어 져어 조오 죠오 주우 쥬우 즈으 지이
차아 챠아 처어 쳐어 초오 쵸오 추우 츄우 츠으 치이
카아 캬아 커어 켜어 코오 쿄오 쿠우 큐우 크으 키이
타아 탸아 터어 텨어 토오 툐오 투우 튜우 트으 티이
파아 퍄아 퍼어 퍄어 포오 표오 푸우 퓨우 프으 피이
하아 햐아 허어 혀어 호오 효오 후우 휴우 흐으 히이

다음은 악센트 주는 법을 복습합니다.

가고 가고/ 기어 가고/ 걸어 가고/ 뛰어 가고
지고 가고/ 이고 가고/ 놓고 가고/ 들고 가고

쥐고 가고/ 잡고 가고/ 자꾸 가고

뻗은 가지/ 굽은 가지/ 구부러진 가지/ 가지가지의 가지

올라 가지/ 늦가지/ 찐가지/ 달린 가지

조롱조롱 맺힌 가지/ 열린 가지/ 달린 가지

도롱도롱 달린 가지/ 젊은 가지/ 늙은 가지

나물할 가지/ 냉국 탈 가지/ 가지각색 가려 놓아도

나 못 먹긴 마찬가지

봄 밤 꿈/ 봄 저녁 꿈/ 여름 낮 꿈/ 여름 밤 꿈

오동추야 가을 밤 꿈/ 동지 섣달 긴~ 긴~ 밤에/ 님 만난 꿈

뜰에 콩깍지/ 깐 콩깍지인가,/ 안 깐 콩깍지인가

간장공장 공장장은/ 강 공장장이고,/ 된장공장 공장장은/ 공 공장장이다

백양 양화점 옆에/ 백영 양화점,/ 백영 양화점 옆에/ 백양 양화점

앞집 뒷밭은/ 콩밭이요, 뒷집 옆밭은/ 팥밭이다

옆집 팥죽은/ 붉은 풋 팥죽이고/ 앞집 팥죽은/ 파란 풋 팥죽이다

깔순이가 그린 기린 그림은/ 상 안 탄 기린 그림이다

저기 있는 저분이/ 박 법학 박사이고

여기 있는 이분이/ 백 법학 박사이다

대한관광공사/ 곽진관/ 관광과장

조달청 청사 창살도/ 쇠창살, 항만청 청사 창살도/ 쇠창살

강창성/ 해운항만청장과/ 진봉준/ 강릉전매지청장

저/ 말 맨 말뚝/ 말/ 맬 만한 말뚝인가/ 말/ 못 맬 만한 말뚝인가

안병휘/ 대통령 특별보좌관

사다트/ 이집트 대통령과/ 아사드/ 시리아 대통령

가갸거겨로 입술을 풀 때도 있지만 일반 원고로 하는 방법도 있습니다. 혹 새로 준비할 원고가 있다면 처음 한 글자씩 또박또박 읽어나가며 워밍업하는 것도 좋습니다. 입 모양은 확실히! 그리고 말할 때 좀 더 길게 호흡을 내뱉으며 한 글자 한 글자 읽어내려 가세요. 개 원고로 한번 연습해볼까요?

개 는 사람 과 가 장 가 까 운 동 물 입 니 다
사 람 들 은 먼 옛 날 부 터 개 를 길 렀 습 니 다
원 래 개 의 조 상 은 이 리 처 럼 사 나 운 짐 승 이 었 는 데, 사 람 과
가 까 이 살 면 서 온 순 하 게 길 들 여 졌 습 니 다
개 의 생 김 새 는 여 러 가 집 니 다
송 아 지 만 큼 커 서 보 기 만 해 도 겁 이 나 는 개 가 있 고, 고 양 이
보 다 작 아 서 무 척 귀 여 운 개 도 있 습 니 다
주 둥 이 가 긴 개 도 있 고, 짧 은 개 도 있 습 니 다
귀 가 쫑 긋 일 어 서 고 꼬 리 를 위 로 말 아 올 려 늠 름 하 게 보 이
는 개 가 있 는 가 하 면,
귀 가 커 서 축 늘 어 진 개 도 있 습 니 다
털 색 깔 도 흰 색, 누 런 색, 검 은 색, 점 박 이 따 위 가 있 습 니 다
개 는 소 리 를 잘 듣 습 니 다
먼 데 서 나 는 소 리 를 사 람 보 다 훨 씬 더 잘 들 을 수 있 다 고 합
니 다

이번엔 장음과 악센트를 넣어가며 입체감을 넣어보도록 하죠. 읽기 전에 붉은색과 파란색으로 표시한 걸 보면서 한번 눈으로 익

혀보세요. 장단음 표시와 악센트, 띄어 읽기 표시도 해보시고요.
한 문장씩 천천히 가볼까요?

> **개:(개애)는 사:(사아)람과 가장 가까운 동:(도옹)물입니다**

제가 제일 중요하게 생각하는 문장입니다. 짧은 문장인데 대개
이 문장을 아무런 느낌 없이 읽어버리거든요. 더 이상 사람들 앞에
서 책을 읽을 나이는 지났습니다. 같은 글을 읽더라도 자신의 느낌
이나 생각을 넣어 읽어야, 그러니까 말하듯 읽어야 공감을 받을 수
있고 말의 생동감이 전해집니다. 무심히 읽지 마시고 말하듯 느낌
넣어 다시 읽어보세요.

> **개:는 사:람과 가장 가까운 동:물입니다**

그래도 잘 안 된다면 문장을 좀 바꿔볼까요?

> **내가 가장 좋아하는 사:(사아)람은 공유입니다**

이렇게 하니 느낌이 확 오죠?
잘 안 될 때는 자신이 쉽게 감정이입 할 수 있는 사람이나 물건,
취미로 바꾸면서 말할 때의 톤을 잡아가세요. 군인들이 얘기하는
거 보면 느낌이 어색하시죠? 뭔가 부자연스럽고 딱딱한 느낌 말입

니다. 감정이입이 없으면 우리가 일상 속에서 하는 말도 그런 느낌이 들 수 있습니다. 자 느낌 잡았으면 다시 해볼까요?

> 개:는 사:람과 가장 가까운 동:물입니다

제가 이렇게 자세하게 하는 이유는 감정 넣는 법을 익히게 하기 위해서입니다.

그래야 말이 살아나기 때문입니다. 그럼 다음 문장으로 넘어가 봅니다. 여기서는 장음을 좀 더 확실히 해주셔야 합니다.

> 사:람들은 먼: 옛:날부터 개:를 길렀습니다
> (사아람들은 머언 예엔날부터 개애를 길렀습니다)
> 원래 개:의(개~에) 조상은 이리처럼 사:(사아)나운 짐승이었는데,
> 사:(사아)람과 가까이 살면서 온순하게 길들여졌습니다

개의 역사를 설명한다는 느낌이 중요합니다. 웃으면서 다시 한 번 연습해봅시다!

> 개:는 사:람과 가장 가까운 동:물입니다
> 사:람들은 먼: 옛:날부터 개:를 길렀습니다
> 원래 개:의 조상은 이리처럼 사:나운 짐승이었는데,
> 사:람과 가까이 살면서 온순하게 길들여졌습니다

이제 다음 문장으로 들어갑니다. 개의 생김에 대한 소개입니다. 머릿속으로 상상하며 쫓아오세요. 그래야 장음도 잘되고 훨씬 입체감 있게 말하듯 읽게 됩니다.

> **개:의 생김새는 여러 가집니다**
> **송아지만큼 커서 보기만 해도 겁이 나는 개:가 있고,**
> **고양이보다 작:아서 무척 귀여운 개:도 있습니다**
> **주둥이가 긴: 개:도 있고, 짧은 개:도 있습니다**

상상력을 한번 발휘해봅시다. 송아지만큼 큰 개는 어떤 개일까요? 크면서도 무서운 개는 도사견 같은 종류가 있을 거고, 작고 귀여운 개는 애완견이나 강아지를 상상하면 좋을 거 같습니다. 바로 그런 개의 종류를 생각하면서 읽게 되면 훨씬 더 생동감이 느껴집니다. 다음 문장도 마찬가지입니다.

> **귀가 쫑긋 일어서고 꼬리를 위로 말아 올려**
> **늠:름하게 보이는 개:가 있는가 하면,**

어떤 개를 상상했나요? 네 맞습니다. 바로 진돗개처럼 똘망똘망한 개가 떠오르시죠!

> **귀가 커서 축 늘어진 개:도 있습니다**

귀가 큰 개는 닥스훈트나 코커스패니얼 같은 개를 상상해도 좋을 거 같네요.

> 털 색깔도 흰색, 누런색, 검은색, 점박이 따위가 있습니다

특히 이 부분에서는 강아지를 색깔별로 상상하면서 마치 눈에 보이듯 천천히 떠올리며 명확하게 읽어보시길 바랍니다. 박자 정확히 맞춰가면서 말이죠.

그럼 개의 종류만 다시 읽어볼까요?

> 개:의 생김새는 여러 가집니다
> 송아지만큼 커서 보기만 해도 겁이 나는 개:가 있고,
> 고양이보다 작:아서 무척 귀여운 개:도 있습니다
> 주둥이가 긴: 개:도 있고, 짧은 개:도 있습니다
> 귀가 쫑긋 일어서고 꼬리를 위로 말아 올려
> 능:름하게 보이는 개:가 있는가 하면,
> 귀가 커서 축 늘어진 개:도 있습니다
> 털 색깔도 흰색, 누런색, 검은색, 점박이 따위가 있습니다

개의 모습이 눈에 선하시죠? 눈에 보이듯 읽으려면 상상하며 읽는 것이 중요합니다. 자 다음은 개의 특성 중 청각적인 부분입니다.

개:는 소리를 잘 듣습니다
먼: 데서 나는 소리를 사:람보다
훨씬 더 잘 들을 수 있다고 합니다
가끔 밤에 자다가도 벌떡 일어나
큰 소리로 짖는 것을 볼 수 있습니다
사:람은 듣지 못하는 아주 작:은 소리를
개:는 들었기 때문입니다

이 부분은 쉽게 상상이 가시죠? 다음은 개의 특성 중 발달된 후각에 대한 설명입니다.

개:는 냄:새도 잘 맡습니다
들:길을 가던 개:가 갑자기 멈춰 서서
코를 땅에 대고 킁킁거리며 냄:새를 맡을 때가 있습니다

이 부분에서도 개가 코를 땅에 대고 뭔가를 발견하고 찾는 듯한 행동을 상상하면서 읽어보세요.

때로는 그곳을 열심히 파헤치기도 합니다

개의 동작을 상상하면서 읽습니다.

> 이것은 땅속에 있는 두더지나 들:쥐의 냄:새를 맡았기 때문입니다

두더지, 들쥐를 상상하며 정말 개가 찾아내는지 상상하며 읽으세요.

> 멀:리 나갔다가 되돌아올 때도 냄:새를 맡으면서
> 집을 찾아온다고 합니다

이 개는 요즘 우리가 집에서 키우는 애완견은 아닌 것 같습니다. 옛날 시골집에서 키우던 개의 모습입니다. 집을 충실히 잘 지키기도 하지만 온종일 동네를 돌아다니며 놀다가 그래도 집을 잊지 않고 돌아오는 개의 모습. 그래도 참 대견하지 않나요? 그런 기특한 개의 모습을 상상하며 다시 읽어보세요.

> 개:는 냄:새도 잘 맡습니다
> 들:길을 가던 개:가 갑자기 멈춰 서서
> 코를 땅에 대고 킁킁거리며 냄:새를 맡을 때가 있습니다
> 때로는 그곳을 열심히 파헤치기도 합니다
> 이것은 땅속에 있는 두더지나 들:쥐의 냄:새를 맡았기 때문입니다
> 멀:리 나갔다가 되돌아올 때도 냄:새를 맡으면서
> 집을 찾아온다고 합니다

사실 이 글은 옛날 초등학교 3학년 국어 교과서에 나오는 글입니다. 그런데 제가 차분히 살펴보니 이보다 더 좋은 교재는 없었습니다. 교과서에 실린 글이라 전문가와 교수의 자문을 받은 공증된 글이고 저학년 교과서기에 고학년 교과서보다 훨씬 쉽습니다. 그리고 우리가 모르는 주제가 아니라 개에 대한 설명문이라 누구나 쉽게 상상하며 따라올 수 있어 감정을 표현하기에 참 좋은 글입니다.

어떠신가요? 읽기는 쉬워도 제대로 표현하는 게 그렇게 쉽지는 않죠?

그래서 장단음 악센트 연습을 하며 리듬을 맞춰가며 절대 빨라지지 않게 읽어야 하는 겁니다.

사실 지금은 좀 어색하게 느껴지겠지만, 자꾸 연습하면 정말 오바마처럼 생생하게 말 잘하는 사람이 된답니다. 자 그런 기대감으로 다시 처음부터 차근차근 읽어보시죠!

Script

개

개:는 사:람과 가장 가까운 동:물입니다.
사:람들은 먼: 옛:날부터 개:를 길렀습니다.
원래 개:의 조상은 이리처럼 사:나운 짐승이었는데,
사:람과 가까이 살면서 온순하게 길들여졌습니다.

개:의 생김새는 여러 가집니다.

송아지만큼 커서 보기만 해도 겁이 나는 개:가 있고,

고양이보다 작:아서 무척 귀여운 개:도 있습니다.

주둥이가 긴: 개:도 있고, 짧은 개:도 있습니다.

귀가 쫑긋 일어서고 꼬리를 위로 말아 올려

늠:름하게 보이는 개:가 있는가 하면,

귀가 커서 축 늘어진 개:도 있습니다.

털 색깔도 흰색, 누런색, 검은색, 점박이 따위가 있습니다.

개:는 소리를 잘 듣습니다.

먼: 데서 나는 소리를 사:람보다

훨씬 더 잘 들을 수 있다고 합니다.

가끔 밤에 자다가도 벌떡 일어나

큰 소리로 짖는 것을 볼 수 있습니다.

사:람은 듣지 못하는 아주 작:은 소리를

개:는 들었기 때문입니다.

개:는 냄:새도 잘 맡습니다.

들:길을 가던 개:가 갑자기 멈춰 서서

코를 땅에 대고 킁킁거리며 냄:새를 맡을 때가 있습니다.

때로는 그곳을 열심히 파헤치기도 합니다.

이것은 땅속에 있는 두더지나 들:쥐의 냄:새를 맡았기 때문입니다.

멀:리 나갔다가 되돌아올 때도 냄:새를 맡으면서

집을 찾아온다고 합니다.

(구)초등학교 국어 3-1

The end.

한 주 정리하기

한 주 동안 수고하셨습니다. 어땠나요? 너무 힘들었나요? 아니면 조금이라도 변한 것 같나요? 저는 가르치는 기법이 좀 꼼꼼합니다. 기초를 제대로 안 하면 오래 배워도 성장하지 않더라고요. 간혹 너무 시간이 없고 급해 이런 기초를 제대로 가르치지 못하는 경우들이 있습니다. 그렇게 되면 여지없이 얼마 안 가 실력이 제자리에 머물러있거나 배우는 사람도 흥미가 떨어져 "난 안 되나 봐요" 하면서 포기하는 경우를 종종 보게 됩니다. 제일 중요한 건 반복입니다. 이번 첫 주에 배운 것이 모든 것의 기초니 오늘은 그 기초들을 다시 되새기며 처음부터 해봅시다.

그리고 이 기초는 가능한 매일매일 습관화하길 바랍니다. 자 오늘로 일주일이 됐으니 첫날 테스트할 때와 어떻게 달라졌는지 비교해봐야겠죠?

먼저 글을 보면서 느낌 잡고 해봅시다. 지금은 테스트니만큼 장단음, 악센트 표시 없이 본래의 원고를 갖고 해보겠습니다. 생각나는 대로 원고에 나름대로 표시를 한번 해보시고 녹화에 들어가 봅니다.

Script

개

개는 사람과 가장 가까운 동물입니다.
사람들은 먼 옛날부터 개를 길렀습니다.
원래 개의 조상은 이리처럼 사나운 짐승이었는데,
사람과 가까이 살면서 온순하게 길들여졌습니다.

개의 생김새는 여러 가집니다.
송아지만큼 커서 보기만 해도 겁이 나는 개가 있고,
고양이보다 작아서 무척 귀여운 개도 있습니다.
주둥이가 긴 개도 있고, 짧은 개도 있습니다.
귀가 쫑긋 일어서고 꼬리를 위로 말아 올려
늠름하게 보이는 개가 있는가 하면,
귀가 커서 축 늘어진 개도 있습니다.
털 색깔도 흰색, 누런색, 검은색, 점박이 따위가 있습니다.

개는 소리를 잘 듣습니다.
먼 데서 나는 소리를 사람보다 훨씬 더 잘 들을 수 있다고 합니다.
가끔 밤에 자다가도 벌떡 일어나 큰 소리로 짖는 것을 볼 수 있습니다.
사람은 듣지 못하는 아주 작은 소리를 개는 들었기 때문입니다.

개는 냄새를 잘 맡습니다.
들길을 가던 개가 갑자기 멈춰 서서
코를 땅에 대고 킁킁거리면서

냄새를 맡을 때가 있습니다.

때로는 그곳을 열심히 파헤치기도 합니다.

이것은 땅속에 있는 두더지나 들쥐의 냄새를 맡았기 때문입니다.

멀리 나갔다가 되돌아올 때도 냄새를 맡으면서 집을 찾아온다고 합니다.

The end.

자 어떤가요? 좀 달라졌나요? 구체적으로 달라진 점을 적어보세요.

체크사항도 알려드릴게요.

	매우 불만족	불만족	보통	만족	매우 만족
복식 호흡은 어떠한가?					
복식 발성은 어떠한가?					
웃으면서 하는가?					
입은 어느 정도 벌리는가?					
턱은 잘 벌어지고 있는가?					
장음이 느껴지는가?					
악센트가 느껴지는가?					
읽고 있는가?					
말하는 느낌인가?					
발음의 정도는 어떤가?					
호흡의 거친 정도는 어떤가?					
사투리나 다른 특징은 드러나는가?					
총평					

이번에는 장단음과 강약을 표기한 원고입니다. 다시 한번 녹화하며 읽어봅시다.

Script

개 📖

개:는 사:람과 가장 가까운 동:물입니다.
사:람들은 먼: 옛:날부터 개:를 길렀습니다.
원래 개:의 조상은 이리처럼 사:나운 짐승이었는데,
사:람과 가까이 살면서 온순하게 길들여졌습니다.
개:의 생김새는 여러 가집니다.
송아지만큼 커서 보기만 해도 겁이 나는 개:가 있고,
고양이보다 작:아서 무척 귀여운 개:도 있습니다.
주둥이가 긴: 개:도 있고, 짧은 개:도 있습니다.
귀가 쫑긋 일어서고 꼬리를 위로 말아 올려
늠:름하게 보이는 개:가 있는가 하면,
귀가 커서 축 늘어진 개:도 있습니다.
털 색깔도 흰색, 누런색, 검은색, 점박이 따위가 있습니다.
개:는 소리를 잘 듣습니다.
먼: 데서 나는 소리를 사:람보다
훨씬 더 잘 들을 수 있다고 합니다.
가끔 밤에 자다가도 벌떡 일어나
큰 소리로 짖는 것을 볼 수 있습니다.
사:람은 듣지 못하는 아주 작:은 소리를

개:는 들었기 때문입니다.

개:는 냄:새도 잘 맡습니다.

들:길을 가던 개:가 갑자기 멈춰 서서

코를 땅에 대고 킁킁거리며 냄:새를 맡을 때가 있습니다.

때로는 그곳을 열심히 파헤치기도 합니다.

이것은 땅속에 있는 두더지나 들:쥐의 냄:새를 맡았기 때문입니다.

멀:리 나갔다가 되돌아올 때도 냄:새를 맡으면서

집을 찾아온다고 합니다.

The end.

처음과 비교해보세요. 그리고 앞으로 변하고 싶은 모습이 있다면 역시 메모해보시길 바랍니다. 첫술에 배 안 부릅니다. 차근차근 해봅시다!

혹시 부족한 부분들 있으면 처음부터 간략히 다시 해볼까요?

복식 호흡을 하는 훈련입니다

지금까지 호흡 들이마시기를 6까지 했다면 이제 8이나 10까지 도전해보세요.

숨만 제대로 쉬어도 운동의 효과가 있고 살도 잘 안 찐답니다.

아나운서들 보세요. 뚱뚱한 사람들 별로 없죠? 많은 사람이 다 이어트하는 줄 아는데 사실 정말 식성들이 좋습니다. 먹는 양에 비해 살이 덜 찌는 게 바로 이 호흡 덕이 아닌가 합니다.

혹시 잘 안 되는 분은 풍선을 불어보세요.

그냥 문방구에서 파는 가장 저렴한 풍선으로 입을 떼지 않고 숨은 코로 들이마시고 호흡은 입으로 천천히 불어 몇 분 만에 빵빵해지는지 시간을 재보는 것도 좋습니다. 혹 잘된다면 이번엔 작은 튜브에 도전해보세요. 이때 어깨가 들썩이면 안 되는 거 아시죠?

혹 생각이 잘 안 나거나 좀 더 확실히 하고 싶다면 2일 차로 다시 돌아가보세요.

복식 발성을 하는 훈련입니다

복식 발성에서 가장 많은 불평이 목이 아프다는 것입니다.

해결 방법은 다른 거 없습니다. 힘 빼는 것뿐입니다. 그리고 자기 소리를 찾는 게 중요합니다.

자신의 소리가 배 속 깊은 데서 나온다고 생각하세요. 생각만으로도 달라집니다.

숨을 복식 호흡으로 들이마셨다가 소리를 쭉 뻗어 던지는 것이 포인트입니다. 소리가 멀리 간다는 상상을 하며, 목에 힘주지 않고 어깨도 들썩이지 않으며 상체에 힘을 빼고 약간 중저음의 편안한 소리를 내도록 합니다. 예쁜 소리를 내는 게 아닙니다! 굵고 흔들리지 않는 목소리를 내는 데 신경 쓰세요.

2~3미터 앞의 목표물을 정하고 거기까지 소리가 도달한다는 느낌으로 쭉 보냅니다.

이때 자신의 목소리를 잘 들으면서 하세요. 혹시 여기서 얼굴과 목만 쭉 내밀지는 않았죠?

목표를 향해 던지라 하면 얼굴을 내미는 경우가 많으니 이 점 유의하시고 소리만 던진다고 생각하시기 바랍니다.

그래서 거울을 보고 하는 것이 중요하다고 하는 겁니다. 자기 모습을 볼 수 있으니까요!

소리 멀리 보내기, 소리 던지기

'아~~~~~~~' 10~15초 정도 자기 호흡만큼 10회 정도 반복해보세요.

소리를 어느 정도 찾았으면 이제 발음, 음가연습으로 갑시다.

음가연습

정확한 발음을 위해 턱을 벌려서 발음하는 훈련입니다.

가갸거겨~ 음가도 명확히 합시다. '하와이' 하면서 스마일 표정 짓고 위의 치아 보이는지 입 모양 잡아가면서 시작!

가아 갸아 거어 겨어 고오 교오 구우 규우 그으 기이
나아 냐아 너어 녀어 노오 뇨오 누우 뉴우 느으 니이
다아 댜아 더어 뎌어 도오 됴오 두우 듀우 드으 디이
라아 랴아 러어 려어 로오 료오 루우 류우 르으 리이
마아 먀아 머어 며어 모오 묘오 무우 뮤우 므으 미이
바아 뱌아 버어 벼어 보오 뵤오 부우 뷰우 브으 비이
사아 샤아 서어 셔어 소오 쇼오 수우 슈우 스으 시이

아아 야아 어어 여어 오오 요오 우우 유우 으으 이이
자아 쟈아 저어 져어 조오 죠오 주우 쥬우 즈으 지이
차아 챠아 처어 쳐어 초오 쵸오 추우 츄우 츠으 치이
카아 캬아 커어 켜어 코오 쿄오 쿠우 큐우 크으 키이
타아 탸아 터어 텨어 토오 툐오 투우 튜우 트으 티이
파아 퍄아 퍼어 펴어 포오 표오 푸우 퓨우 프으 피이
하아 햐아 허어 혀어 호오 효오 후우 휴우 흐으 히이

다음은 어간을 명확히, 조사는 늘어지지 않게 리듬을 더하는 훈
련입니다.

가고 가고/ 기어 가고/ 걸어 가고/ 뛰어 가고
지고 가고/ 이고 가고/ 놓고 가고/ 들고 가고
쥐고 가고/ 잡고 가고/ 자꾸 가고
뻗은 가지/ 굽은 가지/ 구부러진 가지/ 가지가지의 가지
올라 가지/ 늦가지/ 찐가지/ 달린 가지
조롱조롱 맺힌 가지/ 열린 가지/ 달린 가지
도롱도롱 달린 가지/ 젊은 가지/ 늙은 가지
나물할 가지/ 냉국 탈 가지/ 가지각색 가려 놓아도
나 못 먹긴 마찬가지
봄 밤 꿈/ 봄 저녁 꿈/ 여름 낮 꿈/ 여름 밤 꿈
오동추야 가을 밤 꿈/ 동지 섣달 긴~ 긴~ 밤에/ 님 만난 꿈
뜰에 콩깍지/ 깐 콩깍지인가,/ 안 깐 콩깍지인가

간장공장 공장장은/ 강 공장장이고,/ 된장공장 공장장은/ 공 공장장이다

백양 양화점 옆에/ 백영 양화점,/ 백영 양화점 옆에/ 백양 양화점

앞집 뒷밭은/ 콩밭이요, 뒷집 옆밭은/ 팥밭이다

옆집 팥죽은/ 붉은 풋 팥죽이고/ 앞집 팥죽은/ 파란 풋 팥죽이다

깔순이가 그린 기린 그림은/ 상 안 탄 기린 그림이다

저기 있는 저분이/ 박 법학 박사이고

여기 있는 이분이/ 백 법학 박사이다

대한관광공사/ 곽진관/ 관광과장

조달청 청사 창살도/ 쇠창살, 항만청 청사 창살도/ 쇠창살

강창성/ 해운항만청장과/ 진봉준/ 강릉전매지청장

저/ 말 맨 말뚝/ 말/ 맬 만한 말뚝인가/ 말/ 못 맬 만한 말뚝인가

안병휘/ 대통령 특별보좌관

사다트/ 이집트 대통령과/ 아사드/ 시리아 대통령

다음은 내용 전달을 위한 장단음 복습입니다.

- 눈(眼) – 눈:(雪) (누운)

  눈에 눈:이 들어가니 눈물인지 눈:(누운)물인지 모르겠다

- 말(馬) – 말:(言) (마알)

  말을 타고 말:(마알)을 하니 말이 말:(마알)을 알아듣나?

- 발(足) – 발:(廉)(바알)

  발을 씻고 난 뒤 마루에 올라 발:(바알)을 쳤다

- 밤(夜) – 밤:(栗) (바암)

  겨울밤에 밤:(바암) 구워 먹는 맛을 아십니까?

- 벌(罰) – 벌:(昆蟲) (버얼)

  벌을 받고 있는데 벌:(버얼)이 머리 위로 날아 벌:벌 떨다
- 노상(恒常) – 노:상(路上) (노오)

  아이들이 노상 노:(노오)상에서 노니 불안하다
- 동경(東京) – 동:(도옹)경(憧憬)

  동경을 늘 동:(도옹)경하고 있는 북해도의 하루꼬
- 부자(夫子) – 부:(부우)자(富者)

  불날 집 없는 거지부자는 부:(부우)자가 아닌 게 자랑이다
- 분수(分數) – 분:(부운)수(入場)

  분수를 배우는 것은 분:(부운)수를 알라는 것이다
- 사과(綾衾) – 사:(사아)과(謝過)

  사과를 들고 사:(사아)과하다
- 새집(新闃) – 새:(새애)집(鳥집)

  새집들이를 갔더니 현관에 새:(새애)집이 걸려 있었다
- 신문(新聞) – 신:(시인)문(訊問)

  신문을 보던 그가 신:(신인)문을 시작했다
- 연기(煙氣) – 연:(여언)기(演技)

  긴 담배연기 내뿜는 그의 연:(여언)기는 일품이다
- 재기(才氣) – 재:(재애)기(再起)

  재기가 넘치는 그는 곧 재:(재애)기할 것이다
- 천재(天才) – 천:(처언)재(淺才)

  내 비록 천재는 못될망정 천:(처언)재는 아니다

숫자와 장음입니다. 천천히 연습해봅시다.

고유어– 둘: 셋: 넷: 쉰: 열:

한자어– 이:, 사:, 오:, 만: (二, 四, 五, 萬)

24553 이:만 사:천 오:백 쉰: 셋:

25 이:십오: 12 열:둘:

4252 사:천 이:백 쉰: 둘:

15024 만: 오:천 이:십 사:

자동차 3대, 4대– 자동차 석:대, 넉:대

맥주 3잔 –석: 잔

소주 4잔 –넉: 잔

비행기표 3장–석:장

기차표 4장–넉:장

사람 2명, 3명, 4명–두:명, 세:명, 네:명

가:장(假葬.假裝)/가장(家長) 고:해(告解)/고해(苦海)

과:거(過去)/과거(科擧) 부:자(富者)/부자(父子)

가:정(家定)/가정(家庭) 금:주(禁酒)/금주

새:집(새의 집)/새집(新屋) 연:기(演技)/연기(煙氣)

돌:집(석조건물)/돌집(생일집) 사:과(謝過)/사과(과일)

시:계(視界)/시계(時計) 여:권(與圈)/여권(女權.旅券)

고:전(古典)/고전(苦戰) 모:자(母子)/모자(帽子)

간:(肝)/간(간을 보다) 전:철(電鐵)/전철(前轍)
정:당(正堂)/정당(政黨) 과:장(誇張)/과장(課長)
광:주(廣州)/광주(光州) 구:두(口頭)/구두(신발)

뉴스에 자주 쓰이는 장음

방:송, 보:도, 취:재, 현:장, 현:재, 현:황, 계:획, 예:정, 오:전, 오:후
말:씀, 사:람, 대:통령, 장:관, 퍼:센트, 2:, 4:, 5:, 만:
검:찰, 경:찰, 사:건, 사:고, 병:원, 사:망, 이:하, 이:상
미:국, 유:럽, 광:주, 제:주, 영:동, 경:북, 경:남, 위:하다, 없:다, 말:했
습니다

　자 일주일이 짧은 것 같았지만 생각보다 많이 배웠지요? 첫 일주
일간 수고 많았습니다. 앞서 배운 것을 머릿속에 각인시키는 작업
을 하고 이제 또 내일을 기약합시다.

스피치 3주 완성 프로젝트

2nd Week

Su	Mo	Tu	We	Th	Fr	Sa	Su	Mo	Tu	We	Th	Fr	Sa
1	2	3	4	5	6	7	8	9	10	11	12	13	14

목소리에
테크닉
더하기

전문가답게 말하는 노하우

: 기초를 활용하자

Su	Mo	Tu	We	Th	Fr	Sa	Su	Mo	Tu	We	Th	Fr	Sa
15	16	17	18	19	20	21	22	23	24	25	26	27	28

2nd Week

목소리에
테크닉
더하기

전문가답게
말하는
노하우

: 기초를 활용하자

딱 목소리만 들어도 사르르 녹는 배우들이 있습니다. 배우는 잘 생기고 연기도 잘하지만 일단 말을 시작하면 목소리에 압도됩니다. 그래서 배우가 연기 수업을 할 때 가장 먼저 배우는 것 중 하나가 바로 복식 호흡, 발성입니다. 배우도 배우는 호흡과 발성을 배우면 여러분은 어떻게 될까요? 정말 멋져지겠죠?

목소리가 울림이 있고 깊이가 느껴진다면 그 사람의 말을 듣기 전에 다시 한번 깊이 주목하게 됩니다. 목소리는 그 사람의 깊이를 느끼게 하기 때문입니다. 그래서 이번 2주 차에선 좀 더 깊이 있는 목소리와 여러분들이 느끼는 여러 문제를 상황별로 분석해 훈련해 보려 합니다.

먼저, 첫째 날은 목소리가 작고 떨리는 경우, 목소리에 자신감이 없는 경우, 아기 목소리 때문에 고민이 되는 경우를 먼저 살펴봅시다. 대부분은 가장 기본적인 호흡과 복식 발성만 제대로 할 수 있다면 가장 쉽게 고칠 수 있습니다. 앞에서도 계속 해왔던 훈련이지만 그래도 별 진전이 없어 보인다면 더 확실히 잡을 수 있는 방법을 알려드릴게요.

둘째 날에는 말이 너무 빨라 고민인 사람을 위해 공부할 건데요, 나는 거기에 해당 안 된다고 넘기지 마세요. 긴장되고 흥분하면 말이 대체로 빨라지고 나도 모르게 잘 정리되지 않은 말이 튀어나오는 경우가 많답니다. 그런 긴장된 순간에 필요한 방법을 알려줄 겁니다. 그리고 말이 빠르면서 목소리가 떨리죠? 바로 이런 톤을 잡을 겁니다.

셋째 날에는 혀 짧은 소리를 하는 사람들을 위해 집중할 겁니다. 요즘 치아 교정하는 학생을 정말 많이 봅니다. 빠르게는 초등학교 때부터 시작해 어려서부터 발음이 혀 짧은 소리로 굳어진 학생들도 있고 늦게는 대학이나 더 나이가 들어서 하는 사람들도 정말 많습니다.

사실 치아가 가지런하지 않다면 심미적 이유뿐만이 아니라 치아 건강과 소화기 계통의 건강을 위해서도 교정은 꼭 필요합니다. 그러나 문제는 발음이 엉망이 되기에 정말 신경 쓰지 않으면 자칫 자신은 정말 말을 못하는, 말에 소질이 없는 사람이고 자신감이 없는 사람이라는 편견을 갖게 되고 자존감이 낮아지기에 이런 분들은 정말 신경 써서 공부해야 합니다. 그렇다고 아주 힘든 건 아니고 조금만 신경 쓰면 아주 멋지게 할 수 있으니 염려 말고 잘 따라

오시면 됩니다.

넷째 날에는 말에 맛을 더하는 훈련을 할 겁니다. 혹시 좀 더 유창하게 말하고 싶다는 생각을 해본 적 있으신가요? 그런데 이상하게 꼭 가장 잘 말하고 싶은 중요한 순간에 말이 잘 안 되고 꼬이는 경우가 있습니다. 그리고 흔히 덜컹거린다 하죠? 갑자기 자신감 없는 톤으로 떨어지거나 나도 모르게 자신감이 줄어드는 부분이 있습니다. 바로 평소 자신 없게 느꼈던 외국어나 외래어가 나왔다든지, 숫자가 나오게 되면 나도 모르게 움찔하면서 자신감이 뚝 떨어지고 여지없이 우물쭈물 말하게 됩니다.

그래서 외래어, 외국어, 숫자가 나올 때를 대비해 연습이 필요합니다.

외국어는 발음의 유창성이 중요한 게 아니고 자신감과 신뢰감이 중요합니다. 외국어뿐 아니라 복모음, 숫자 등 발음하기 어려운 부분을 공부할 겁니다.

다섯째 날에는 정확한 발음보다 메시지를 얼마나 정확하게 전달하느냐가 중요함을 배워봅니다. 목소리도 좋고 스펙도 좋은데 "무슨 소리 하는 거지?" 하는 경우들이 종종 있죠. 반면 "아유 속이 다 시원하다, 귀에 쏙쏙 들리게 잘하네! 보기보다 아주 괜찮아!" 하는 경우도 있답니다.

사실 부산에 있는 우리 학생 중 실제 면접관에게 이런 얘기를 듣고 아주 높은 성적으로 합격한 학생들이 한두 명이 아닙니다. 지방대생임에도 불구하고 서울의 금융권에 입사한 친구들이 꽤 있었고 또 얼마 전에는 약학전문대학원에 다 합격하고 거기에 장학금까지 탄 경우도 있었습니다. 5일 차 공부도 기대가 되시죠?

여섯째 날에는 어떻게 하면 좀 더 폼나게 말할 수 있는지에 대한 공부입니다.

제가 제일 강조하는 부분이기도 합니다. 기왕이면 다홍치마라고 멋지게 보이면, 뭔가 있어 보이면 더 좋겠죠? 제일 중요한 파트니 기대하세요!

그리고 일곱째 날에는 2주 동안 공부한 것을 정리해 한꺼번에 써 먹을 수 있게 그리고 내 입에 얼마나 맞았는지 역시 동영상으로 촬영하며 테스트해볼 겁니다.

가장 중요한 건, 난 잘할 수 있다! 는 기대감으로 시작하는 겁니다.

그럼 시작해볼까요?

목소리에 자신감 더하기

먼저 오늘은 2주 차 시작하는 첫날이니 새로운 원고로 촬영해봅시다. 지난주 연습했던 〈개〉 원고는 이제 좀 자신 있나요?

가능한 앞부분 3줄과 마지막 부분 2줄은 외워서 할 수 있도록 연습하세요. 외우면서 표정까지 자연스럽게 만들어야 자기 것으로 만들 수 있으니까요!

이제는 어디 가서 읽는 일은 거의 없을 겁니다. 읽는 게 아니고 말을 해야 하는 자리이기 때문에 가능한 외워서 말하는 연습을 해야 합니다. 특히 목소리에 자신감이 없는 사람은 발표 내용 또한 자신이 없어 보이는 경우가 대부분입니다. 오늘 공부하는 포인트는 작은 목소리를 크게 하는 법도 중요하지만 자신감 있어 보이는 목소리에 포인트를 둘 겁니다. 특히 이 부분은 복식 발성이 잘 안 될 때 자꾸 보고 또 보면서 익숙하게 만들어주세요. 아기처럼 앵앵거리는 목소리, 떨리고 작은 목소리는 이 파트만 잘 잡아도 상당 부분 해결 가능합니다.

먼저 나는 '자신 있고 당당하다!'는 마음으로 하는 게 중요합니다. 목소리는 심리상태를 가장 잘 반영하는 바로미터 같아서 무엇보다 마인드컨트롤이 가장 중요합니다.

오늘 새 원고를 드립니다. 먼저 한번 읽어보세요.
어디를 강조하며 읽어야 하는지 판단이 되죠?
어느 정도 내용을 익혔으면 그럼 녹화해봅시다!

Script

오늘의 연습문장

2012년 한국인 당뇨병 연구 보고서에 따르면,
30세 이상 성인 10명 중에 3명은 당뇨병이거나
당뇨병에 걸릴 위험이 큰 것으로 나타났습니다.
2050년이면 당뇨인은
지금의 약 2배인 600만 명에 이를 것이라고 하는데요.
이미 시작된 당뇨대란, 그 극복의 길을 찾아보겠습니다!

The end.

녹화했죠?
그럼 모니터를 해봅시다!

모니터해보니 어떤가요? 좀 어색한 사람들도 있을 겁니다. 나름
대로 말하듯이 한다고 신경 썼는데도 원고가 바뀌니 또 읽는 느낌
이 많이 나지는 않나요? 아직도 좀 어색한가요? 곧 좋아질 수 있
으니 어색해하거나 실망하지 말고 잘 따라와주시기 바랍니다.

오늘부터는 발성의 난이도를 좀 더 올려볼 거라 좀 더 열심히 해주셔야 합니다. 새로 연습 들어가기 전에 호흡 연습 먼저 하고 가봅시다.

【 크리넥스 호흡 】

먼저 풍선 호흡을 다섯 번 정도 하시고 크리넥스 호흡도 다섯 번 정도 해주시기 바랍니다.

기본적인 연습이 돼야 다음 단계로 빨리 발전할 수 있습니다.

크리넥스 호흡은 티슈를 이마에서 10cm 정도 떼어 들고 복식 호흡으로 들이마신 후에 호흡을 입으로 내뱉는 것입니다. 이때 티슈가 펄럭이지 않게 가늘고 길게 호흡을 내뱉는 연습이 필요합니다. 호흡을 일정하게 오래 내뱉는 훈련을 하기에도 좋고 자신의 호흡량이 어느 정도인지 느낄 수 있는 좋은 연습 방법입니다.

【 기역자 발성 】

호흡 조절이 됐으면 이제 다음 복식 발성으로 갑니다. 복식 호흡이 쉽게 안 되는 사람에게 권하는 건 기역자 발성입니다. 앞의 발성 방법과는 다르게 좀 더 깊이 있는 발음을 위해 기역자로 숙여 발성해보는 것입니다. 허리를 굽히게 되면 배에 힘이 들어가게 되고 복식 호흡도 자연스레 이뤄집니다.

여기서 포인트는 발은 어깨너비로 벌리고 두 팔로 무릎을 밀어내듯 잡고 소리는 땅을 향해 지르는 겁니다. 먼저 "야~~~~~호~~~~~" 산에 갔다 생각하고 크게 소리 질러 보세요.

얌전하게 하는 게 아니고 아주 큰 소리로 메아리가 쳐 다시 돌아올 것 같은 큰 소리로 지르는 거예요. 다시 "야~~~~~~~~호~~~~~~~"

이런 자세로 소리 내어 책을 읽어보는 것도 좋습니다.

배에 탁 힘이 들어가는 거 느끼시나요?

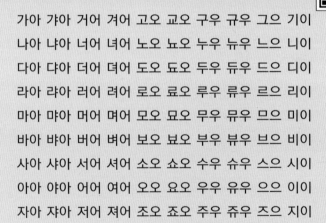

발음 연습표

가아 갸아 거어 겨어 고오 교오 구우 규우 그으 기이
나아 냐아 너어 녀어 노오 뇨오 누우 뉴우 느으 니이
다아 댜아 더어 뎌어 도오 됴오 두우 듀우 드으 디이
라아 랴아 러어 려어 로오 료오 루우 류우 르으 리이
마아 먀아 머어 며어 모오 묘오 무우 뮤우 므으 미이
바아 뱌아 버어 벼어 보오 뵤오 부우 뷰우 브으 비이
사아 샤아 서어 셔어 소오 쇼오 수우 슈우 스으 시이
아아 야아 어어 여어 오오 요오 우우 유우 으으 이이
자아 쟈아 저어 져어 조오 죠오 주우 쥬우 즈으 지이
차아 챠아 처어 쳐어 초오 쵸오 추우 츄우 츠으 치이

카아 캬아 커어 켜어 코오 쿄오 쿠우 큐우 크으 키이
타아 탸아 터어 텨어 토오 툐오 투우 튜우 트으 티이
파아 퍄아 퍼어 펴어 포오 표오 푸우 퓨우 프으 피이
하아 햐아 허어 혀어 호오 효오 후우 휴우 흐으 히이

바로 그겁니다. 그게 바로 복식 발성입니다. 그렇게 힘이 주어지며 굵은 소리가 나죠?

이렇게 허리를 굽히고 먼저 가갸거겨 천천히 해보세요.

다음은 숫자세기를 할 겁니다.

천천히 길게, 소리와 호흡을 내뱉으며 해보세요.

역시 기역자 발성으로 계속해봅니다.

오늘은 원고는 이렇게 숙인 상태에서 소리를 뱉어내며 읽을 겁니다. 조금 힘들어도 최선을 다해주세요!

숫자 세기

하나 두울 세엣 네엣 다섯 여섯 일곱 여덟 아홉 열
열하나 열둘 열셋 열넷 열다섯 열여섯 열일곱 열여덟 열아홉 스물
스물하나 스물둘 스물셋 스물넷 스물다섯 스물여섯 스물일곱
스물여덟 스물아홉 서른
서른하나 서른둘 서른셋 서른넷 서른다섯 서른여섯 서른일곱
서른여덟 서른아홉 마흔

마흔하나 마흔둘 마흔셋 마흔넷 마흔다섯 마흔여섯 마흔일곱
마흔여덟 마흔아홉 쉰

쉰하나 쉰둘 쉰셋 쉰넷 쉰다섯 쉰여섯 쉰일곱 쉰여덟 쉰아홉 예순

예순하나 예순둘 예순셋 예순넷 예순다섯 예순여섯 예순일곱

예순여덟 예순아홉 일흔

일흔하나 일흔둘 일흔셋 일흔넷 일흔다섯 일흔여섯 일흔일곱 일

흔여덟 일흔아홉 여든

여든하나 여든둘 여든셋 여든넷 여든다섯 여든여섯 여든일곱

여든여덟 여든아홉 아흔

아흔하나 아흔둘 아흔셋 아흔넷 아흔다섯 아흔여섯 아흔일곱

아흔여덟 아흔아홉 백

오늘의 원고입니다.

2012년(이:천십이년)/ 한:국인 당뇨병 연:구 보:고서에 따르면,/
30세 이상 성:인 10명 중에 (열:명 중에) 3명은(세:명은)/
당뇨병이거나 당뇨병에 걸릴 위험이/ 높:은 것으로 나타났습니다
2050년이면(이:천 오:십년이면) 당뇨인은/
지금의 약 2(두:)배인/ 600만 명에 이를 것이라고 하는데요
이:미 시:작된 당뇨대:란,/ 그 극복의 길을 찾아보겠습니다

생각보다 기역자 발성하는 게 힘들죠?

처음엔 좀 천천히 하고 내용 습득이 다 된 후엔 평소 빠르기로 하면서 장음과 악센트를 신경 써가며 합니다. 소리가 좀 힘 있게 나오는 것 같으면 고개 들고 좀 전에 했던 목소리를 생각하며 미소 짓고 다시 해봅시다. 만약 기역자 발성을 했을 때의 소리가 나지 않으면 다시 허리를 굽히세요. 숙여서 발성하면 목소리도 좀 굵어지고 낮아지는 걸 느낄 수 있죠?

특히나 목소리가 작은 분들에겐 아주 효과가 있는 방법입니다.

계속 연습하면서 원고도 외워보세요. 그리고 일어나서 할 때도 그 소리를 잊지 마시고요. 단 목에 너무 힘을 주면 안 됩니다. 항상 목과 어깨, 표정은 힘을 빼고 자연스럽게 해야 합니다. 그래서 미소 짓고 하라는 겁니다.

가장 문제가 되는 것이 복식 발성 연습할 때는 중저음의 소리가 나는데 막상 말을 하거나 원고를 읽게 되면 그 복식 발성이 안 돼서 원래 목소리가 나는 경우입니다. 그러므로 몸에 배어들 만큼의 연습이 꼭 필요합니다. 자신이 복식 발성했을 때 나는 소리를 잘 기억하셔야 합니다. 장음을 연습하는 것도 호흡을 약간 길게 내뱉을 때 복식 발성이 나오면서 호흡 조절이 되기 때문입니다. 특히 이 원고는 숫자 장음이 많이 나오기 때문에 앞에서 했던 숫자 장음 연습을 좀 더 해보고 원고를 보면 도움이 될 겁니다.

고유어– 둘: 셋: 넷: 쉰: 열:

한자어– 이:, 사:, 오:, 만: (二, 四, 五, 萬)

24553 이:만 사:천 오:백 쉰: 셋:

25 이:십오: 12 열:둘:

4252 사:천 이:백 쉰: 둘:

15024 만: 오:천 이:십 사:

자동차 3대, 4대– 자동차 석:대, 넉:대

맥주 3잔 –석: 잔

소주 4잔 –넉: 잔

비행기표 3장–석:장

기차표 4장–넉:장

사람 2명, 3명, 4명–두:명, 세:명, 네:명

숫자 장음을 연습하고 발음하면 훨씬 쉽게 숫자를 읽을 수 있고 장음의 길이를 어느 정도 길게 해야 하는지도 알 수 있겠죠? 특히 이 문장에선 장음뿐 아니라 붉은색으로 표시한 첫음절을 명확히 발음하는 것을 신경 쓰기 바랍니다. 그래야 메시지가 명확히 전달 됩니다.

음성파일도 함께 들어보면서 그 미묘한 차이를 느껴보세요.

2012년(이:천십이년)/ 한:국인 당뇨병 연:구 보:고서에 따르면,/

30세 이상 성:인 10명 중에 (열:명 중에) 3명은(세:명은)/
당뇨병이거나 당뇨병에 걸릴 위험이/ 높:은 것으로 나타났습니다
2050년이면(이:천 오:십년이면) 당뇨인은/
지금의 약 2(두:)배인/ 600만 명에 이를 것이라고 하는데요
이:미 시:작된 당뇨대:란,/ 그 극복의 길을 찾아보겠습니다

충분히 연습이 됐으면 이제 마지막 문장까지 다시 해보시고 처음부터 끝까지 연습해보세요. 가장 좋은 건 외워서 말하듯 해보는 것입니다. 이렇게 30분 정도씩 연습하세요.

그리고 동영상 다시 찍어 처음과 비교해보시길 바랍니다. 확연히 달라졌다면 오늘 연습은 여기까지! 수고하셨습니다.

이 장은 혹시 복식 발성이 안 될 때마다 해보셔야 합니다. 천천히 10번, 정상 빠르기로 10번 연습하시고 말을 할 때 자신의 목소리를 들으면서 목소리 상태를 체크하는 것 잊지 마세요. 그리고 목이 아프면 무리하진 마시고요. 빠르게 가는 것보다 중요한 것은 바르게 가는 것입니다.

1. 기역자 발성으로 복식 발성이 제대로 되는지를 확인한다.
2. 글을 읽거나 말할 때 복식 발성이 되는지 자신의 목소리를 들으면서 한다.
3. 숫자 장음이 자유롭게 되는지 확인한다.
4. 문장에서 붉은색으로 표시한 글자를 명확히 발음하는지 확인해본다.
5. 문장이 자연스럽게 읽히는지 확인한다.
6. 메시지 전달이 잘되는지 확인하며 연습한다.

속사포처럼 쏟아내는 말투 고치기
: 내 소리에 귀 기울이기

대체로 젊은 여성은 말이 빠릅니다.

감정 표현도 다양하고 자연스럽습니다. 그렇기에 예뻐 보이고 발랄하고 통통 튀는 모습입니다. 한마디로 생동감 있죠. 그런데 면접이나 중요한 발표 자리에서 이런다면 준비가 덜 된 모습으로 비출 겁니다.

사실 저도 요즘 딸들이 얘기하면 잘 못 알아듣겠어요. 듣고 이해하기 전에 벌써 다른 얘기들이 쏟아지니 정신이 없더군요. 그런데 문제는 평소에 이런 습관을 갖고 있는 경우 긴장된 순간에 이런 행동이 더 많이 나오고 제어가 안 되면서 결정적 실수를 하게 된다는 것입니다.

평소에 하는 가장 안 좋은 습관들은 긴장되고 중요한 순간에 다 튀어나옵니다. 제가 그냥 나온다도 아니고 튀어나온다는 표현을 쓴 것은 이게 정말 중요한 부분이기 때문입니다. 내가 잘 고쳤다고 생각해도 안 좋은 습관은 계속 튀어나옵니다. 정말 신경 써서 고쳐야 하는 까닭이 여기 있습니다. 학생들 테스트해보면 영락없습니다. 그렇기에 특히 말이 빠른 사람은 오늘 하는 이 훈련을 집중적으로 해주셔야 합니다.

먼저 비법을 알려주기 전에 기본 호흡부터 해야겠죠?

먼저 크리넥스 호흡입니다.

숫자 세기

하나 두울 세엣 네엣 다섯 여섯 일곱 여덟 아홉 열

열하나 열둘 열셋 열넷 열다섯 열여섯 열일곱 열여덟 열아홉 스물

스물하나 스물둘 스물셋 스물넷 스물다섯 스물여섯 스물일곱

스물여덟 스물아홉 서른

서른하나 서른둘 서른셋 서른넷 서른다섯 서른여섯 서른일곱

서른여덟 서른아홉 마흔

마흔하나 마흔둘 마흔셋 마흔넷 마흔다섯 마흔여섯 마흔일곱

마흔여덟 마흔아홉 쉰

쉰하나 쉰둘 쉰셋 쉰넷 쉰다섯 쉰여섯 쉰일곱 쉰여덟 쉰아홉 예순

예순하나 예순둘 예순셋 예순넷 예순다섯 예순여섯 예순일곱
예순여덟 예순아홉 일흔

일흔하나 일흔둘 일흔셋 일흔넷 일흔다섯 일흔여섯 일흔일곱 일
흔여덟 일흔아홉 여든

여든하나 여든둘 여든셋 여든넷 여든다섯 여든여섯 여든일곱
여든여덟 여든아홉 아흔

아흔하나 아흔둘 아흔셋 아흔넷 아흔다섯 아흔여섯 아흔일곱
아흔여덟 아흔아홉 백

백 아흔아홉 아흔여덟 아흔일곱 아흔여섯 아흔다섯 아흔넷
아흔셋 아흔둘 아흔하나

아흔 여든아홉 여든여덟 여든일곱 여든여섯 여든다섯 여든넷
여든셋 여든둘 여든하나

여든 일흔아홉 일흔여덟 일흔일곱 일흔여섯 일흔다섯 일흔넷
일흔셋 일흔둘 일흔하나

일흔 예순아홉 예순여덟 예순일곱 예순여섯 예순다섯 예순넷
예순셋 예순둘 예순하나

예순 쉰아홉 쉰여덟 쉰일곱 쉰여섯 쉰다섯 쉰넷 쉰셋 쉰둘 쉰하나

쉰 마흔아홉 마흔여덟 마흔일곱 마흔여섯 마흔다섯 마흔넷
마흔셋 마흔둘 마흔하나

마흔 서른아홉 서른여덟 서른일곱 서른여섯 서른다섯 서른넷
서른셋 서른둘 서른하나

서른 스물아홉 스물여덟 스물일곱 스물여섯 스물다섯 스물넷
스물셋 스물둘 스물하나

스물 열아홉 열여덟 열일곱 열여섯 열다섯 열넷 열셋 열둘 열하나
열 아홉 여덟 일곱 여섯 다섯 넷 셋 두울 하나

잘 생각이 안 나면 어제 공부한 곳으로 가보세요. 발성 잘되나요? 계속 점검하면서 가는 것이 중요하니 지난 페이지도 계속 보면서 연습해주기 바랍니다.

오늘은 준비물이 하나 필요합니다. 바로 빨대입니다. 입에 빨대를 물고 원고를 읽어볼 겁니다. 흔히 볼펜 물고 한다 하는데 위생적이지 못하고 나무젓가락을 물고 해도 되지만 갖고 다니기에 좀 불편합니다. 요즘 커피숍에 공부하러 많이 가는데 바로 그런 곳에 가면 늘 비치돼있는 빨대가 대용품으로 좋습니다. 그중 제일 평범한 빨대를 자신의 첫 번째 어금니에 물어주세요. 혀 위에 얹어 어금니로 꽉 물고 말하는 겁니다.

【 빨대 물기 】

입술 끝에 닿게 빨대 당기기   지그시 빨대 물기

빨대를 물고 나면 말이 절대로 빨리 나오지 않습니다. 먼저 입

모양이 쫙 벌어져 있어 그 상태에서 말하려면 입술에 힘을 줘야 하기 때문에 불편해서 말이 빨리 안 나오는데 이 상태에서 천천히 연습하면 발음이 자연스레 좋아집니다. 입술도 평소 자신이 벌리는 것보다 크게 벌어지기에 훨씬 시원한 인상을 줍니다. 이것도 배우들이 연습하는 것 중에 하나예요.

빨대 물고 아랫글을 읽어보세요. 가능한 말하듯 읽어보세요. 내용도 좀 보면서 목소리 톤도 잘 잡아주시고요.

대화할 때, 자기 말만 하고
다른 사람 얘기는 잘 듣지 않는 사람들이 있는데요,
상대방에게 잘 들리는 말을 하려면
어떻게 해야 할까요?

글을 쓸 때처럼 말을 할 때도
쉼표와 마침표를 지켜보세요
내가 하는 말이 상대방에게 듣기 좋게,
이해하기 쉽게 들리도록 잠깐씩
쉬어가며 말하는 겁니다

음악에서도 쉼표를 잘 지켜야
아름다운 곡이 완성되듯,
쉼과 마침이 적절하게 지켜진 말들이
듣기 좋고 또 듣고 싶은 말이 됩니다

생각보다 잘 안 읽어지죠? 그리고 침이 계속 옆으로 흘러 좀 창피하죠?

그래서 가능한 혼자 연습하는 게 좋습니다. 티슈로 잘 닦아가면서요.

다시 읽어볼 텐데요. 이번에는 제가 표시를 해줄 테니 끊어 읽기를 해봅시다. 훨씬 의미가 잘 전달되는 게 느껴질 겁니다.

대화를 할 때,/ 자기 말만 하고/
다른 사람 얘기는 잘 듣지 않는 사람들이 있는데요,/
상대방에게 잘 들리는 말을 하려면/
어떻게 해야 할까요?//

글을 쓸 때처럼/ 말을 할 때도/
쉼표와 마침표를 지켜보세요//
내가 하는 말이 상대방에게 듣기 좋게,/
이해하기 쉽게 들리도록/ 잠깐씩
쉬어가며/ 말하는 겁니다//

음악에서도/ 쉼표를 잘 지켜야
아름다운 곡이 완성되듯,/
쉼과 마침이 적절하게 지켜진 말들이/
듣기 좋고/ 또 듣고 싶은/ 말이 됩니다//

끊어 읽기를 하니 훨씬 내용이 쏙쏙 들어오지 않나요? 자 이번에
는 장음과 악센트를 넣어 읽어보겠습니다.

대:화를 할 때,/ 자기 말:만 하고/
다른 사람 얘:기는 잘: 듣지 않는 사:람들이 있는데요,/
상대방에게 잘: 들리는 말:을 하려면/
어떻게 해야 할까요?//

글을 쓸 때처럼/ 말:을 할 때도/
쉼:표와 마침표를 지:켜보세요//
내가 하는 말:이 상대방에게 듣기 좋:게,/
이해하기 쉽:게 들리도록/
잠깐씩 쉬:어가며/ 말:하는 겁니다//

음악에서도/ 쉼:표를 잘: 지켜야
아름다운 곡이 완성되듯,/
쉼:과 마침이 적절하게 지:켜진 말:들이/
듣기 좋:고/ 또 듣고 싶은/ 말:이 됩니다//

이렇게 말을 빨리 하는 사람도 쉼표와 마침표, 끊어 읽기를 하며
장단음, 아센트를 넣어 읽거나 밀하듯이 하면 말이 빨라지지 않고
귀에 쏙쏙 들리게 됩니다. 가능한 첫 문장과 마지막 문장은 외울 수
있도록 합니다. 마치 자기 의견을 얘기하듯 해보세요. 자 그럼 다시

빨대 물고 이 문장에 나오는 장음부터 연습해보겠습니다.

> 대:화, 말:, 얘:기, 사:람, 쉼:표, 지:켜보세요, 좋:게, 쉽:게,
> 쉼: 잘:지켜야, 좋:고

장음만 따로 떼어놓고 보니 얼마 안 되죠?

바로 이 장음만 제대로 말을 해도 발음은 물론이고 말이 빨라지는 것을 막아줄 수 있습니다.

말을 빨리하는 사람들의 공통점이 무엇인지 아세요? 바로 성격이 급하다는 겁니다. 그런데 성격을 고친다는 것은 여간 어려운 일이 아닙니다. 하지만 말하는 습관을 바꾸면 오히려 자연스럽게 성격이 바뀌게 되는 것을 볼 수 있습니다. 좀 답답하게 느껴질지 모르겠지만 다시 빨대를 물고 위에 표시한 대로 다시 읽어보시기 바랍니다. 띄어 읽기, 장음, 표시한 대로 10번 읽어보시고 빨대 빼고 발음이 천천히 잘되는지 갑자기 후루룩 튀어나오는 말은 없는지 잘 들어가면서 10번 연습하세요. 그리고 가능한 한 문단씩 연습하고 다음 문단으로 넘어가는 연습을 하시면 훨씬 도움이 됩니다. 그렇게 하다 보면 자연스럽게 문장도 외울 정도가 될 겁니다.

그리고 웃는 표정으로 말하는 것 잊지 마시고요. 이런 웃는 표정을 신경 써도 말이 빨라지는 것을 잡을 수 있습니다.

다음 사항을 꼭 기억해주시기 바랍니다.

1. 빨대연습을 몸에 익힌다.
2. 띄어 읽기, 장단음, 앞 음절 악센트를 정확하게 익히면서 한다.
3. 빨대를 물고 발음해도 정확하게 발음이 되는지를 확인한다.
4. 빨대를 빼고 연습할 때 발음이 명확해졌는지 말의 속도는 빠르지 않은지도 잘 들어보며 원고 연습한다.
5. 원고를 읽을 때 읽는 것이 아니라 최대한 말하듯이 되는지를 확인한다.
6. 목소리의 톤이 복식 발성으로 나오는지를 확인하며 연습한다.
7. 항상 웃는 표정으로 말하는지를 확인한다.

3 Day

혀 짧은 소리, 부정확한 발음 고치기

주위에 보면 의외로 혀 짧은 소리 하는 젊은이들이 눈에 많이 보입니다.

겉모습은 너무 멋진데 말을 하는 순간 혀 짧은 소리를 하게 되면 정말 환상이 깨집니다.

몇 년 전 어떤 음악회 사회를 보는데 그날의 주인공은 세계적인 바이올리니스트 A 씨였습니다. 뛰어난 미모에 연주 실력도 좋고 연주곡도 그때 정말 인기 있었던 드라마의 OST여서 클래식임에도 불구하고 거의 아이돌 수준의 인기를 누렸던 연주자였습니다.

그런데 연주를 멋지게 마치고 그녀가 마이크를 들고 말을 하는 순간 청중이 갑자기 싸해졌습니다. 그녀의 멋진 연주와 카리스마 넘치는 무대 매너와는 다르게 너무 어린 여자아이의 목소리로 "여러분 감사합니다~~~~~~"라는 말이 들려왔거든요. 너무 충격이 커서 말의 내용이 귀에 들어오지 않았습니다. 내용 파악은 고사하고 모든 말이 떼떼떼떼 하는 것처럼 들려서 그녀가 한 멋진 연주마저도 잊힐 정도였습니다.

이처럼 목소리는 그 사람의 인상을 완성하는 데 결정적인 역할을 합니다.

마치 메이크업을 다 하고 외출 직전에 향수를 뿌리는 것처럼 말은 이렇게 자신을 알릴 때 결정적인 한 방이 되는 겁니다. 은은하고 고급스런 향이 남아있으면 우리는 그 이미지를 오랜 시간 고급스럽게 기억합니다.

제가 많은 사람을 지도하면서 깨달은 건 말은 연습하지 않으면 성장하지 않는다는 겁니다. 어려서 유학 가 유명 대학에서 훌륭한 학위를 딴 사람도 외국어는 유창하게 하는데 한국말을 시켜보면 여지없이 한국을 떠난 시절 나이의 말투로 하곤 합니다. 위의 연주자도 같은 상황이었습니다. 그래서 어려서 유학을 떠난 사람들은 다시 어른의 말투를 공부해야 합니다. 안 그러면 우리 사회에서 살면서 자기 실력만큼의 대접을 받긴 어렵습니다. 이 말인즉슨, 혀 짧은 소리가 바로 아이의 말투라는 겁니다.

사춘기 때 교정기를 끼게 되면 친구들 보기 창피하고 불편해서 입을 벌리지 않고 자꾸 무의식적으로 다물다 보니 표정이 없어지고 어눌해져 자신은 못생겼다는 편견을 갖게 됩니다. 앞에서도 말했지만 잘생긴 사람과 못생긴 사람은 없습니다. 표정이 예쁜 사람과 표정이 없는 사람만 있을 뿐이죠.

이렇게 굳어진 표정에 교정기 때문에 혀가 닿는 게 아파서 혀를 목 뒤쪽으로 당겨서 말하다 보니 혀 짧은 소리가 나는 겁니다. 경직됐던 혀의 근육을 풀고 제대로 된 방법으로 오랜 시간 연습해 새로운 틀을 만들어야 합니다. 혀 근육 푸는 방법으로 잇몸과 입술 사이에 혀를 넣고, 혀가 닿을 수 있는 가장 먼 곳을 닿도록 하면서 천천히 시계 방향으로 훑어주세요. 그렇게 5번, 또 반대 방향으로 5번 천천히 원을 그려가면서 혀의 스트레칭을 해보세요.

발음이 훨씬 부드럽게 되는 걸 느낄 수 있을 겁니다.

이 혀의 스트레칭은 언제 어디서나 쉽게 할 수 있으니 시간 날 때마다 해보세요. 발음뿐 아니라 성대 근육을 푸는 데도 많은 도움이 됩니다.

일단 오늘도 빨대를 이용한 수업을 할 건데요, 좀 더 두꺼운 빨대를 물고 할 거예요. 제가 해보니 이렇게 두꺼운 빨대가 두툼하게 혀를 눌러주니 훨씬 혀가 안 움직이고 좋더군요. 이렇게 하면 혀가 뒤로 당겨지지 않아서 발음 연습하기에 아주 좋습니다. 이런 두툼한 빨대는 젤리가 들어있는 음료 같은 걸 주문하면 나오더군요. 혹시 그런 음료를 주문했을 때 사용해보세요.

그럼 다음 발음표를 빨대 물고 해볼까요?

이 행사는 삼성생명 협찬입니다
오오오의 오천번 오천콜 대리운전 협찬입니다

상표 붙은 큰 깡통은 깐 깡통인가? 안 깐 깡통인가?

강낭콩 옆 빈 콩깍지는 완두콩 깐 빈 콩깍지고,
완두콩 옆 빈 콩깍지는 강낭콩 깐 빈 콩깍지냐?

우리집 옆집 앞집 뒤 창살은 홑겹 창살이고
우리집 뒷집 앞집 옆 창살은 쌍겹 창살이다

대공원의 봄 벚꽃놀이는 낮 봄 벚꽃놀이보다 밤 봄 벚꽃놀이니라

고려고 교복은 고급 교복이다
대우로얄 뉴 로얄

안촉촉한 나라의 안촉촉한 초코칩이 촉촉한 나라의 촉촉한 초코
칩이 되려고 촉촉한 나라를 찾아갔더니 촉촉한 나라의 초코칩이
"넌 안촉촉한 초코칩이니까 안 돼"라고 해서 안촉촉한 초코칩은
안촉촉한 초코칩 나라로 돌아갔다

어떤가요? 혓바닥이 두툼하게 눌리니 발음하기가 훨씬 힘들죠? 하지만 입술을 더 많이 움직이며 정확한 발음을 내도록 해야 합니다. 그러면 훨씬 발음이 잘되는 걸 느낄 수 있습니다. 사실 혀 짧은 소리를 하는 것은 혀가 뒤로 당겨져서 근육이 수축되면서 나는 현상이라 하루아침에 고치기는 어렵습니다. 그러나 입술에 조금 힘을 주고 입을 좀 더 크게 벌리는 것만으로도 발음은 확실히 좋아집니다. 수업을 해보면 금방 좋아지는 것을 알 수 있으니까요. 발음이 잘 안 된다 생각하는 사람들은 이 빨대 연습을 열심히 해보세요.

그리고 위의 발음표는 입술을 많이 움직여야 하는 발음을 모아 놓은 것들이니 빨대 물고 이 표만 여러 번 연습해도 훨씬 좋아집니다.

그리고 오늘은 혀 짧은 소리를 교정할 거라서 원고도 혀 짧은 발

음이 많이 나는 음가들로 준비했습니다. 대개 혀 짧은 소리가 나는 발음은 'ㄴㄷㄹㅅㅈ' 발음입니다.

한번 원고를 자세하고 천천히 읽어보면서 안 되는 발음들을 체크해보세요.

Script

오늘의 연습문장

조선시대 위대한 왕으로 손꼽히는 세종대왕,
세종대왕은 당뇨병을 앓았던 것으로 알려져 있습니다.
세종실록에는, 허리띠가 흘러내릴 정도로 체중이 급격히 줄고
하루 한 동이 이상의 물을 마셨다고 돼있습니다.
체중이 줄고 목이 마른 당뇨병의 증상과 같죠.
훈민정음 창제 당시에는 눈이 잘 보이지 않았다고 하는데요.
당뇨 합병증인 망막병증을 앓았던 것으로 보입니다.
고지방 고칼로리 음식을 주로 먹고
과도한 나랏일과 스트레스에 시달렸던 왕의 질병은
당뇨병이었습니다.

The end.

체크가 얼마나 됐나요? 왜 발음이 잘 안 되는지를 한번 생각해보고 한 글자씩 따로 연습해보세요. 발음이 어려운 단어들은 바로

조선시대, 위대한, 왕, 손꼽히는, 세:종대왕, 세:종실록, 체중, 훈:민
정음, 망막병증

대체로 입 모양이 많이 움직이는 단어죠? 한 글자씩 연습할 때는 되지만 문장으로 읽으면 잘 안 될 때가 있어요. 그래서 장단음 연습과 중간에 약간 쉬고 하는 포즈, 악센트가 필요하답니다. 아래

조선시대 위대한 왕:으로 손꼽히는 세:종대왕,
세:종대왕은 당뇨병을 앓았던 것으로 알려져 있습니다
세:종실록에는, 허리띠가 흘러내릴 정도로 체중이 급격히 줄고
하루 한 동이 이상의 물을 마셨다고 돼있습니다
체중이 줄:고 목이 마른 당뇨병의 증상과 같죠
훈:민정음 창:제 당시에는 눈이 잘: 보이지 않았다고 하는데요
당뇨 합병증인 망막병증을 앓았던 것으로 보입니다
고:지방 고:칼로리 음식을 주로 먹고
과:도한 나랏일과 스트레스에 시달렸던 왕:의 질병은
당뇨병이었습니다(50초)

문장은 어떻게 읽어야 하는지 표시를 했으니 주의해서 읽어보세요.

어떠세요? 입 모양을 좀 명확히 벌리기만 해도, 장단음만 신경 써도 발음이 명확해지는 게 느껴지죠? 혀 짧은 소리는 주로 'ㄴㄷ ㄹㅅㅈ'에서 많이 납니다. 그래서 위의 문장을 준비했으니 차분히 읽어보시기 바랍니다. 악센트와 장음을 어디서 해야 하는지 신경 쓰시고 빨대를 물고 입술을 쫙쫙 늘려주면서 발음하는 연습을 하면 정말 좋아질 수 있어요.

특히 내용을 생각해가며 천천히 말하는 훈련은 꼭 필요합니다. 내용을 생각하며 상대방에게 세종대왕이 당뇨병을 앓았었다는 걸 얘기해주는 마음으로 말하면 리듬 박자도 잘 맞춰갈 수 있답니다.

제가 준비한 영상 보면서 다시 연습해보세요.

위의 문장을 빨대 물고 10번, 빨대 빼고 10번 반복해서 읽으세요.

50초 정도로 읽을 수 있게 녹음해보세요.

1. 두꺼운 빨대로 혀를 단단하게 눌러주면서 발음한다.
2. 어려운 발음은 따로 떼어서 천천히 연습한 후에 문장으로 읽는다.
3. 전체적인 내용 파악을 한 후에 스토리를 전하듯, 말하듯이 이야기한다.
4. 발성이 제대로 나오는지도 체크한다.
5. 항상 웃으면서 이야기하는 것은 절대 잊지 않도록!

4 Day

외국어에 자신감 더하기

발표할 때 왠지 유창하게 잘 안 읽히는 외국어를 만나는 경우가 있지 않으세요? "평소에는 더듬지 않는데 긴장되면 자꾸 더듬게 되고 그러다 보니 목소리도 위축되고 점점 자신이 없어집니다"라고 말씀하시는 경우가 종종 있습니다. 이런 경우 보통 '나는 왜 이렇게 잘 못 하지?' 하면서 자신은 말을 잘 못 한다고 생각을 합니다.

그러다 보니 자연히 목소리도 작아지고 자신감도 없어지며 여기서 점점 더 비약시켜 발표불안증을 일으키는 경우들을 종종 보게 됩니다.

그런데 제 경험으론 이건 발표불안증도 아니고 자신감의 문제도 아닙니다. 그리고 여기에서 목소리가 작다고 목소리만 크게 하는 연습만 한다고 되는 건 더더욱 아닙니다. 그렇다고 외국어를 완전히 익힌다고 될까요? 또 그렇게 되면 시간이 너무 많이 걸리지 않나요? 이런 상황에서 가장 문제는 한마디로 글이 확 눈에 잘 들어오지 않는 경우인데요, 글 안에 생소한 외래어나 외국어, 아니면 숫자가 나오기 때문입니다. 다시 말하면 평소에 쉽게 접하지 않는 글이 나올 때 이런 현상을 보입니다. 이럴 때는 자신 없는 부분을 오히려 천천히 명확히 또박또박 읽어주는 게 제일 효과적입니다.

대체로 생소한 외국어인 경우 슬쩍 얼버무리면서 어물쩍 넘어갈 때가 많이 있는데 그런 경우 바로 상대방은 준비가 덜 됐구나 생각하게 됩니다. 그러므로 오히려 명확하게 자신 있게 확실히 발음해 주는 게 중요합니다. 자신감 있는 뉘앙스를 풍기는 게 더 중요하다는 겁니다. 단, 이런 경우 자신이 어떤 발음이 잘 안 된다는 파악은 돼있어야 한다는 거죠. 일종의 발음하는 요령이라 할 수 있는데요, 자, 그럼 다음에 나오는 문장을 천천히 명확하게 뜻을 전한다는 마음으로 한번 읽어보세요. 글이 익숙해지면 진짜 MC가 된 듯 읽어보세요.

먼저 한번 읽어보면서 체크해보세요.

Script

오늘의 연습문장

1996년 뉴욕 크리스티 경매에서 당시 최고가를 기록했던 철화용문항아리입니다.

17세기에 만들어진 이 백자는 지금 우리 돈으로 약 200억 원에 달한다고 하는데요.

이렇게 도자기는 세상에서 단 하나밖에 없는 귀한 작품으로 그 높은 가치를 인정받아 왔습니다.

하지만 도자기의 가장 큰 단점은 작은 실수에도 잘 깨진다는 점이죠.

이렇게 잘 깨지는 것의 대명사인 도자기로 총탄을 막아낼 수 있다면 여러분 믿으시겠습니까?

도자기의 또 다른 이름인 세라믹스가 바로 그 주인공인데요.

도자기 과학의 두 번째 이야기는 21세기 마법의 돌 첨단 세라믹스의 모든 것을 과학의 눈으로 분석해봅니다.

The end.

어떤가요?

숫자도 그렇고 생소한 단어들이 많다 보니 좀 어렵죠?

지금까지 공부했던 장단음, 악센트, 끊어 읽기 등을 표시하며 다시 읽어보세요. 제가 다시 표시해볼 테니 신경 써서 읽어봅시다. 가장 중요한 건 의미를 생각하며 읽는 겁니다.

본격적으로 시작하기 전에 역시 호흡, 발성, 발음 연습하고 가는 것 잊지 마세요.

특히 오늘은 발음 연습에 좀 더 중점적으로 신경을 씁니다. 오늘 발음 연습은 다른 문장을 해보시죠.

이 행사는 삼성생명 협찬입니다
오오오의 오천번 오천콜 대리운전 협찬입니다

상표 붙은 큰 깡통은 깐 깡통인가? 안 깐 깡통인가?

강낭콩 옆 빈 콩깍지는 완두콩 깐 빈 콩깍지고,
완두콩 옆 빈 콩깍지는 강낭콩 깐 빈 콩깍지냐?

우리집 옆집 앞집 뒤 창살은 홑겹 창살이고
우리집 뒷집 앞집 옆 창살은 쌍겹 창살이다
대공원의 봄 벚꽃놀이는 낮 봄 벚꽃놀이보다 밤 봄 벚꽃놀이니라

고려고 교복은 고급 교복이다
대우로얄 뉴 로얄

안촉촉한 나라의 안촉촉한 초코칩이 촉촉한 나라의 촉촉한 초코
칩이 되려고 촉촉한 나라를 찾아갔더니 촉촉한 나라의 초코칩이
"넌 안촉촉한 초코칩이니까 안 돼"라고 해서 안촉촉한 초코칩은
안촉촉한 초코칩 나라로 돌아갔다

빨대 물고 발음 연습할 때는 불편하지만, 빨대를 빼고 발음하면
훨씬 나아진 게 느껴지죠!

다음은 오늘의 본문을 뜻을 생각하고 입 모양 주의하면서 먼저
어려운 발음을 해볼까요?

1996년, 뉴욕 크리스티 경매에서, 최:고가, 철화용문 항아리,
200(이:백)억원, 귀:한, 대:명사, 도자기 과학의 두: 번째 이야기는,
21(이:십 일)세기 마:법의 돌, 첨단 세라믹스

어려운 발음 연습을 충분히 명확히 한 다음 아래 표시한 원고를
5번 정도 읽으며 자연스럽게 익혀봅니다. 안 되면 10번 하세요!

1996년/ 뉴욕 크리스티 경매에서/ 당시 최:고가를 기록했던

철화용문/ 항아리입니다

17세기에 만들어진 이: 백자는

지금 우리 돈으로 약 200(이:백)억 원에 달한다고 하는데요//

이렇게 도자기는/

세:상에서 단 하나밖에 없는 귀:한 작품으로

그 높:은 가치를 인정받아 왔습니다

하지만/ 도자기의 가장 큰: 단점은

작:은 실수에도 잘~ 깨진다는 점이죠

이렇게 잘 깨지는 것의 대:명사인 도자기로 총탄을 막아낼 수 있다면/

여러분 믿으시겠습니까?

도자기의 또 다른 이름인 세라믹스가/ 바로 그 주인공인데요

도자기 과학의 두: 번째 이야기는

21(이:십 일)세기 마:법의 돌/ 첨단 세라믹스의 모:든 것을

과학의 눈으로 분석해봅니다(1분 10초)

여러분이 표시한 것과 제가 표시한 것 비교해보세요. 녹음도 해보면서 시간도 체크해보시고요.

비슷한가요? 혹시 많이 다르거나 여전히 어색하다면 입에 익숙하게 10번 읽어보세요.

그리고 정말 자신이 잘 아는 지식인 듯 말하듯이 읽어보세요.

자신감은 그 내용을 숙지했는지와 비례합니다. 목소리는 더 말할 나위가 없겠죠? 그러므로 가능한 내용을 여러 번 읽어 익히고

앞의 2문장 마지막 2문장은 외워서 해보면 훨씬 자연스러우면서도 유창하고 자신감 있는 느낌을 가질 수 있습니다. 외국에 유학 다녀오지 않아 자신 없다는 생각을 한 적이 있다면 지금부터는 그런 생각 다 떨쳐버리고 확실하고 명확하게 도전해봅시다!

1. 외래어, 외국어가 나왔을 때 당황하지 않고 띄어 읽기를 제대로 표시한다.
2. 어려운 발음이라고 어물쩍 넘기지 않는다.
3. 말을 할 때는 뉘앙스를 살려 유창함을 더하도록 한다.
4. 안 되는 발음은 몇 번씩 따로 연습해 입에 익히도록 한다.
5. 항상 내용을 먼저 숙지하고 웃으면서 말을 시작하며 허둥대는 모습을 보이지 않도록 한다.

5 Day

우물거리는 말투 고치기

여러분의 메시지는 명확히 전달이 잘되는 편인가요?

말을 했는데 상대방이 고개를 갸우뚱할 때가 있습니다. 거기에 듣던 사람이 무슨 소리냐고 되묻기라도 하면 금세 머리가 하얘집니다. 그리고 없던 발표불안증까지 생기면서 두근거리고 말을 더 듣게 됩니다. 명확하게 전달만 해도 불안증을 좀 잠재울 수 있다는 말이기도 합니다.

말을 명확하게 한다는 것은 제일 먼저 주어와 동사가 명확히 들려야 한다는 것을 뜻합니다.

우리는 말을 할 때 내용을 신경 쓴다고는 하지만 글을 쓸 때처럼 주어, 목적어, 동사 등은 신경을 안 씁니다. 그냥 별 체계 없이 말하게 되는데요, 마치 글을 쓰듯 기본 문법만 신경 써서 명확히 이야기하려고만 해도 말이 정말 선명해집니다.

먼저 주어, 동사를 유념해 읽어보시죠.

다음 원고를 먼저 보시고 주어와 동사를 찾아 표시하고 주어와 동사가 잘 들리도록 신경 써서 읽어보세요.

Script ———————————————————

오늘의 연습문장

오늘 아침에는 여러분을 화랑으로 안내하겠습니다.
여기 〈오늘의 화랑〉에서는 〈자연의 소리〉가 들리고 있습니다.
바로 〈20세기의 동경전〉이 오늘부터 13일까지 열리고 있는데요.
이곳 화랑에서는 이미 지난가을에 〈역사의 숨결〉이라는 표제로
한국 미술 속의 산과 들, 동물과 식물들의 모습을 통해
〈한국의 자연〉을 선보인 바 있습니다.

The end.

어떤가요? 잘되나요?
주어와 동사만 따로 모아보겠습니다.
그리고 명확한 발음을 해야 하는 것은 파란색, 장음은 붉은색으로 표시해봤습니다.
주어와 동사만 먼저 읽어보세요.

오늘 아침에는/ 안내하겠습니다
〈오늘의 화랑〉에서는/ 들리고 있습니다
〈20(이:십)세기의 동경전〉이/ 열리고 있는데요
화랑에서는/ 선:보인 바 있습니다

동사를 말하기 전에 잠시 쉬었다 말하세요. 그래야 명확하게 들립니다.

주어 말하고 잠시 쉬고 동사를 말하세요. 그런 습관이 중요합니다.

대개 읽으라 하면 띄어 읽기 없이 모든 걸 다 붙여 읽습니다. 예를 들어볼까요?

아버지가/ 방에/ 들어가셨습니다(O)
아버지가방에/ 들어가셨습니다(X)

띄어 읽기에 따라서 아버지가 방에 들어갔다는 말이, 아버지가방에 들어갔다는 말로 들릴 수 있습니다. 띄어 읽기를 하는 가장 쉬운 방법은 주어 동사만이라도 띄어 읽어보는 겁니다. 이 두 개만 정확히 띄어 읽기를 해도 의미 전달은 명확해집니다. 특히나 동사는 더 그렇습니다.

몇 가지 예를 더 들어보겠습니다.

피자헛/ 먹었어요(O)
피자/ 헛먹었어요(X)
아줌마/ 파마 /해주세요(O)
아줌마파마/ 해주세요(X)

띄어 읽기에 따라 맛있는 피자를 헛먹게 되기도 하고 뽀글거리는 아줌마 파마를 하게 되기도 합니다. 띄어 읽기에 따라 뜻이 너무 다르게 전달되죠? 띄어 읽기가 얼마나 중요한지 이제 아시겠죠?

그럼 전체 문장으로 읽어볼까요?

> 오늘 아침에는/ 여러분을/ 화랑으로/ 안내하겠습니다
> 여기 〈오늘의 화랑〉에서는/ 〈자연의 소리〉가/ 들리고 있습니다
> 바로 〈20(이:십)세기의 동경전〉이/ 오늘부터 13일까지/
> 열리고 있는데요
> 이곳 화랑에서는/ 이미 지난 가을에/ 〈역사의 숨:결〉이라는 표제로/
> 한:국 미:술 속의 산과 들,/ 동:물과 식물들의 모습을 통해/
> 〈한:국의 자연〉을/ 선:보인 바 있습니다

이번 문장은 명확하게 한다는 생각을 갖고 하는 게 중요합니다. 다시 한번 읽어보면서 전체적인 내용을 머릿속에 상상하며 읽어보세요.

특히 이 글은 화랑에서 자연의 소리를 듣는다고 표현한 겁니다. 화랑에선 그림이나 조형물을 보면서 시각적인 반응을 유도하는데 이 글에선 시각적인 반응이 아니라 더 나아가 청각적인 반응, 그리고 공감각적으로 느끼게 하기 때문에 상상하면서 읽지 않으면 듣는 사람이 그 감흥을 느끼지 못합니다. 상상하면서 읽는 연습을 하기에 정말 좋은 원고라 생각합니다. 생각하고 느끼며 말할 수 있는 좋은 원고니 꼭 상상하며 그림이 보이고 자연의 소리가 들리듯 말

해보세요. 자연스럽게 됐다면 완전히 자기 입에 익을 수 있게 10번 다시 읽어보세요. 거의 외운다는 마음으로 하는 것이 중요합니다.

1. 충분한 상상력을 동원하며 눈에 보이듯 읽고 있는가?
2. 앞 음절을 명확히 발음하는가?
3. 띄어 읽기는 제대로 하는가?
4. 동사가 명확히 들리는가?

말에 품격 더하기

누군가의 말을 듣고 가슴에 찡하고 남아본 적 있으시죠?

뭔가 뭉클하면서 마음이 움직이고 생각이 바뀌면서 어느새 행동이 바뀌어 가는 걸 느끼게 됩니다. 이런 걸 흔히 감동이라 하죠! 이것이 바로 말의 능력이고 위력입니다.

이런 말은 말의 권위가 서게 되고 어떤 어려움도 이겨낼 수 있는 힘을 발휘하게 됩니다.

그래서 어려운 시기가 되면 지도자가 말에 대해 더 많이 신경 쓰게 되고 이런 노력과 공부가 체계적으로 이뤄지는 걸 볼 수 있습니다.

오늘은 품격을 더하는 아주 간단한 방법을 공부할 겁니다.

인사말을 준비해봤으니 먼저 내용을 보면서 자신만의 스타일로 표시해보세요.

총 두 개의 원고입니다.

오늘의 연습문장 1

안녕하세요 ○ ○ ○ 입니다.
어느새 봄입니다.
봄!
봄이라는 단어 참 예쁘지 않나요?
아마도 만물이 새롭게 돋아나는 그런 생명력을 보라고
우리 조상들은 이런 아름다운 말을 만들지 않았나 합니다.
봄에는 우리 주위에 많은 변화들이 일어나죠?
아마 그 생명력을 보며 우리는 다시 한번 더 깊은 감사를 느낄 수 있을 겁니다.
봄!
많은 것을 보고, 느끼는 감사의 계절이 되시기 바랍니다.

오늘의 연습문장 2

지금 어디에 있는지 어디를 향해 가고 있는지도 모를 정도로 바쁘게 살고 있진 않으신가요?
인생은 경주가 아니라 한 걸음 한 걸음 음미하는 여행입니다.
어제는 역사이고, 내일은 미스터리며, 오늘은 선물입니다.
그렇기에 우리는 현재(Present)를 선물(Present)이라고 부르는 것입니다.
우리가 서 있는 이 시점, 현재를 선물처럼 살아가는 여러분 되시길 바랍니다.

The end.

내용을 잘 음미해보셨죠?

그럼 본격적으로 들어가기에 앞서 먼저 발음표 연습을 하고 가겠습니다.

빠르게 읽는 게 아니라 천천히 의미 생각하며 박자 넣는 연습을 해야 다음 원고에서 리듬을 편히 지킬 수 있답니다.

가고 가고/기어 가고/ 걸어 가고/ 뛰어 가고

지고 가고/ 이고 가고/ 놓고 가고/ 들고 가고

쥐고 가고/ 잡고 가고/ 자꾸 가고

뻗은 가지/ 굽은 가지/ 구부러진 가지/ 가지가지의 가지

올라 가지/ 늦가지/ 찐가지/ 달린 가지

조롱조롱 맺힌 가지/ 열린 가지/ 달린 가지

도롱도롱 달린 가지/ 젊은 가지/ 늙은 가지

나물할 가지/ 냉국 탈 가지/ 가지각색 가려 놓아도

나 못 먹긴 마찬가지

봄 밤 꿈/ 봄 저녁 꿈/ 여름 낮 꿈/ 여름 밤 꿈

오동추야 가을 밤 꿈/ 동지 섣달 긴~ 긴~ 밤에/ 님 만난 꿈

뜰에 콩깍지/ 깐 콩깍지인가,/ 안 깐 콩깍지인가

간장공장 공장장은/ 강 공장장이고,/ 된장공장 공장장은/ 공 공장장이다

백양 양화점 옆에/ 백영 양화점,/ 백영 양화점 옆에/ 백양 양화점

앞집 뒷밭은/ 콩밭이요, 뒷집 옆밭은/ 팥밭이다

옆집 팥죽은/ 붉은 풋 팥죽이고/ 앞집 팥죽은/ 파란 풋 팥죽이다

깔순이가 그린 기린 그림은/ 상 안 탄 기린 그림이다

저기 있는 저분이/ 박 법학 박사이고

여기 있는 이분이/ 백 법학 박사이다

대한관광공사/ 곽진관/ 관광과장

조달청 청사 창살도/ 쇠창살, 항만청 청사 창살도/ 쇠창살

강창성/ 해운항만청장과/ 진봉준/ 강릉전매지청장

저/ 말 맨 말뚝/ 말/ 맬 만한 말뚝인가/ 말/ 못 맬 만한 말뚝인가

안병휘/ 대통령 특별보좌관

사다트/ 이집트 대통령과/ 아사드/ 시리아 대통령

자, 그래도 익숙한 원고라서 좀 수월하지요?

지금부터는 마침표나 쉼표 다음에 숫자를 세는 훈련을 하겠습니다.

오늘 같은 경우는 녹음기로 녹음하며 비교해봐도 좋을 겁니다.

안녕(1)하세요.(1234) 홍(1)길동입니다(1234)

어느새 봄입니다(1234)

봄!(1234)

봄이라는 단어 참~ 예쁘지 않나요?(1234)

아마도 만:물이 새롭게 돋아나는 그런 생명력을 보라고/(1234)

우리 조상들은 이런 아름다운 말:을 만들지 않았나 합니다(1234)

봄에는 우리 주위에 많:은 변화들이 일어나죠?(1234)

아마 그 생명력을 보며 우리는 다시 한번

더 깊:은 감:사를 느낄 수 있을 겁니다(1234)

봄!(1234)

많:은 것을 보고 느끼는,(1234)

감:사의 계절이 되시기 바랍니다(1234)

지금 어디에 있는지(12)/

어디를 향해 가고 있는지도 모를 정도로(12)/

바쁘게 살고 있진 않으십니까?(1234)/

인생은 경:주가 아니라(12)/

한 걸음 한 걸음 음미하는 여행입니다(1234)/

어제는 역사이고(12),/ 내일은 미스터리며(12),/

오늘은 선:물입니다(1234)/

그렇기에 우리는(12)/ 현:재(Present)를(12)/

선:물(Present)이라고(12)/ 부르는 것입니다(1234)/

우리가 서있는 이 시점, 현:재(Present)를(12)/

선:물(Present)처럼 살아가는/ 여러분 되시길 바랍니다

숫자만큼 쉬었다 가면 듣는 사람들의 몰입도를 확 높일 수 있습니다.

숫자 세는 박자가 중요하겠죠? 여기서 숫자 세는 박자는 아주 빠르게 세는 겁니다.

그러니 꼭 동영상 보면서 참고하시기 바랍니다. 사실 말을 하면서 속으로 박자를 세는 건 쉽지 않습니다.

박자는 쉽게 말해서 적당히 숨을 쉴 때의 길이를 말하는 거예요. 이 박자가 잘 안 되는 분들은 손가락을 빠르게 접어보면서 박자를 맞춰보면 좀 수월하게 따라오실 수 있습니다.

이 방법으로 말이 빨라지는 것을 막을 수 있기에 정말 자신감이 넘치는 당당한 모습으로 보일 수 있습니다. 자신감 있어 보이는 사람들의 말은 절대 빠르지 않다는 것을 명심하시고 쉬우면서도 간단한 팁이니 꼭 자기 것으로 만드세요.

다시 10번 연습하며 익힙시다.

1. 웃으면서 표정을 만들어 말을 하는가?
2. 자기 목소리를 들어가면서 말의 크기를 체크한다.
3. 말이 끝나고 1234를 세고 말을 시작한다.
4. 의미를 생각하며 말하고 있는지를 체크한다.
5. 말의 악센트, 장음을 잘 지키고 있는지 확인한다.

7 Day

한 주 정리하기

이번 주에는 자신의 문제점과 해결 방법을 익히는 시간을 가졌습니다. 발음 발성에 얽매이는 것보다 자연스러우면서 전달이 잘 되기 위한 노하우와 발성과 발음도 동시에 좋아질 수 있게 하는 방법들을 알려드렸는데 어떠셨나요?

오늘은 한 주 동안 배웠던 것들을 복습하며 자신의 말투를 교정하는 시간이라 생각하면 됩니다. 자 그럼 한 주 동안 공부했던 원고들 다시 볼까요?

여러 원고 중에서 유난히 자기 입에 잘 맞는 원고들이 있을 겁니다. 바로 그 원고를 집중적으로 자기 것으로 만드는 게 중요합니다.

한 우물만 파봅시다!

이번 주 핵심은 바로 기역자 발성입니다. 언제든 소리가 뜬다든지 소리가 잘 안 잡히거나 자신이 없을 때, 복식 발성을 원한다면 기역자 발성으로 소리의 느낌을 잡아보세요.

또 말이 너무 빠르거나, 혀 짧은 소리로 정확한 발음이 고민될 때는 빨대를 물고 하는 방법도 알려드렸습니다.

말의 유창성이 떨어질 때 외래어나 숫자를 명확히 자신감 있게 읽는 법과 정확한 메시지 전달을 위한 주어와 동사를 명확하게 읽는 것에 대해, 그리고 품격 있는 스피치를 위해선 포즈가 얼마나 중요한지도 알려드렸습니다.

　이런 것들을 잘 익히기만 해도 여러분은 확 달라진 스피치를 느낄 수 있을 겁니다.

　다시 한번 해보시죠. 찬찬히 생각하면서 정성 들여 해보시길 바랍니다.

2012년(이:천십이년)/ 한:국인 당뇨병 연:구 보:고서에 따르면,/
30세 이상 성:인 10명 중에 (열:명 중에) 3명은(세:명은)/
당뇨병이거나 당뇨병에 걸릴 위험이/ 높:은 것으로 나타났습니다
2050년이면(이:천 오:십년이면) 당뇨인은/
지금의 약 2(두:)배인/ 600만 명에 이를 것이라고 하는데요
이:미 시:작된 당뇨대:란,/ 그 극복의 길을 찾아보겠습니다

대:화를 할 때,/ 자기 말:만 하고/
다른 사람 얘:기는 잘: 듣지 않는 사:람들이 있는데요,/
상대방에게 잘: 들리는 말:을 하려면/
어떻게 해야 할까요?//

글을 쓸 때처럼/ 말:을 할 때도/
쉼:표와 마침표를 지:켜보세요//
내가 하는 말:이 상대방에게 듣기 좋:게,/
이해하기 쉽:게 들리도록/

잠깐씩 쉬:어가며/ 말:하는 겁니다//

음악에서도/ 쉼:표를 잘: 지켜야
아름다운 곡이 완성되듯,/
쉼:과 마침이 적절하게 지:켜진 말:들이/
듣기 좋:고/ 또 듣고 싶은/ 말:이 됩니다//

조선시대 위대한 왕:으로 손꼽히는 세:종대왕,
세:종대왕은 당뇨병을 앓았던 것으로 알려져 있습니다
세:종실록에는, 허리띠가 흘러내릴 정도로 체중이 급격히 줄고
하루 한동이 이상의 물을 마셨다고 돼있습니다
체중이 줄:고 목이 마른 당뇨병의 증상과 같죠
훈:민정음 창:제 당시에는 눈이 잘: 보이지 않았다고 하는데요
당뇨 합병증인 망막병증을 앓았던 것으로 보입니다
고:지방 고:칼로리 음식을 주로 먹고
과:도한 나랏일과 스트레스에 시달렸던 왕:의 질병은
당뇨병이었습니다(50초)

1996년/ 뉴욕 크리스티 경매에서/ 당시 최:고가를 기록했던
철화용문/ 항아리입니다
17세기에 만들어진 이: 백자는
지금 우리 돈으로 약 200(이:백)억 원에 달한다고 하는데요//

이렇게 도자기는/

세:상에서 단 하나밖에 없는 귀:한 작품으로

그 높:은 가치를 인정받아 왔습니다

하지만/ 도자기의 가장 큰: 단점은

작:은 실수에도 잘~ 깨진다는 점이죠

이렇게 잘 깨지는 것의 대:명사인 도자기로 총탄을 막아낼 수 있다면/

여러분 믿으시겠습니까?

도자기의 또 다른 이름인 세라믹스가/ 바로 그 주인공인데요

도자기 과학의 두: 번째 이야기는

21(이:십 일)세기 마:법의 돌/ 첨단 세라믹스의 모:든 것을

과학의 눈으로 분석해봅니다(1분 10초)

오늘 아침에는/ 여러분을/ 화랑으로/ 안내하겠습니다

여기 〈오늘의 화랑〉에서는/ 〈자연의 소리〉가/ 들리고 있습니다

바로 〈20(이:십)세기의 동경전〉이/ 오늘부터 13일까지/

열리고 있는데요

이곳 화랑에서는/ 이미 지난 가을에/ 〈역사의 숨:결〉이라는 표제로/

한:국 미:술 속의 산과 들,/ 동:물과 식물들의 모습을 통해/

〈한:국의 자연〉을/ 선:보인 바 있습니다

안녕(1)하세요(1234) 홍(1)길동입니다(1234)

어느새 봄입니다(1234)

봄!(1234)

봄이라는 단어 참~ 예쁘지 않나요?(1234)

아마도 만:물이 새롭게 돋아나는 그런 생명력을 보라고/(1234)

우리 조상들은 이런 아름다운 말:을 만들지 않았나 합니다(1234)

봄에는 우리 주위에 많:은 변화들이 일어나죠?(1234)

아마 그 생명력을 보며 우리는 다시 한번

더 깊:은 감:사를 느낄 수 있을 겁니다(1234)

봄!(1234)

많:은 것을 보고 느끼는,(1234)

감:사의 계절이 되시기 바랍니다(1234)

지금 어디에 있는지(12)/

어디를 향해 가고 있는지도 모를 정도로(12)/

바쁘게 살고 있진 않으십니까?(1234)/

인생은 경:주가 아니라(12)/

한 걸음 한 걸음 음미하는 여행입니다(1234)/

어제는 역사이고(12),/ 내일은 미스터리며(12),/

오늘은 선:물입니다(1234)/

그렇기에 우리는(12)/ 현:재(Present)를(12)/

선:물(Present)이라고(12)/ 부르는 것입니다(1234)/

우리가 서있는 이 시점, 현:재(Present)를(12)/

선:물(Present)처럼 살아가는/ 여러분 되시길 바랍니다

2주 원고 중 첫날 원고는 동영상 촬영한 게 있으시죠?

먼저 첫날 원고 연습해서 녹화하고 나머지 원고 중에서 자신 있거나 자기 입에 잘 맞는 원고를 다시 연습해 녹화하고 모니터합니다.

자 연습하시고 촬영하세요.

어떤 원고를 골랐나요? 막상 카메라 앞에서 하려면 말들이 꼬이고 생각만큼 잘 안 되죠?

그래서 짧은 문장이라도 말하듯이 외워서 하는 연습이 필요합니다.

자 녹화한 동영상을 보고 모니터해봅시다.

가장 중요한 것은 바로 오답 노트인 것 아시죠?

문제점을 하나하나 파악해봅시다.

Check ■

1. 목소리가 편안하게 들렸다 ☐
2. 발음이 또렷하게 들린다 ☐
3. 말의 빠르기는 적당하다 ☐
4. 혀짧은 발음이 없다 ☐
5. 말의 유창성이 느껴진다 ☐
6. 내용이 잘 전달된다 ☐
7. 주어와 동사가 들린다 ☐
8. 숫자 읽기 전에 잠깐 포즈가 느껴져 또렷이 들린다 ☐
9. 외래어 읽기 전에 잠깐 포즈가 느껴져 또렷이 들린다 ☐

	매우 불만족	불만족	보통	만족	매우 만족
복식 호흡은 어떠한가?					
복식 발성은 어떠한가?					
웃으면서 하는가?					
입은 어느 정도 벌리는가?					
턱은 잘 벌어지고 있는가?					
장음이 느껴지는가?					
악센트가 느껴지는가?					
읽고 있는가?					
말하는 느낌인가?					
발음의 정도는 어떤가?					
호흡의 거친 정도는 어떤가?					
사투리나 다른 특징은 드러나는가?					
총평					

체크를 다 했다면 총평란에 각 항목의 숫자를 써보세요.

매우 불만족은 몇 개인지, 만족은, 매우 만족은 몇 개인지 그 개수를 보게 되면 대략 자신의 점수가 나오겠죠?

우리의 목표는 여러 번 연습 후에 매우 만족의 숫자가 많아지는 겁니다.

실망하거나 포기하지 마시고요!

이렇게 자세히 모니터한 후에 2주 첫날 동영상과 비교해보세요.

문제점

어떻게 고칠까

3rd Week

Su	Mo	Tu	We	Th	Fr	Sa	Su	Mo	Tu	We	Th	Fr	Sa
1	2	3	4	5	6	7	8	9	10	11	12	13	14

매력을
더하다,
목소리
MAKE-UP

말에 생명력 불어넣기

: 나를 어떻게 각인시킬 것인가?

Su	Mo	Tu	We	Th	Fr	Sa	Su	Mo	Tu	We	Th	Fr	Sa
15	16	17	18	19	20	21	22	23	24	25	26	27	28

3rd
Week

매력을 더하다,
목소리
MAKE-UP

말에
생명력
불어넣기

: 나를 어떻게 각인시킬 것인가?

이제까지 2주 동안 말을 잘할 수 있는 기본에 대해 열심히 익혀 왔습니다. 이제 마지막 한 주 동안은 여러분의 마음을 담아 말하는 스킬을 공부할 겁니다.

우리가 보통 외출할 때는 화장을 하죠. 요즘은 남자도 자기만의 스타일로 꾸미기 위해 가볍게 화장을 하는 걸 볼 수 있습니다.

단순히 외출을 할 때도 외모를 가꾸고 나가기 마련인데, 자신의 가치관과 비전을 훌륭하게 표현해낼 수 있는 중요한 수단인 말은 더할 나위가 없겠죠?

대체로 화장을 할 때도 콘셉트를 정합니다.

오늘은 청순하게, 때론 지적이게, 때론 시크하고, 섹시하게… 화장에도 이런 다양한 색깔을 입히듯, 말에도 그 콘셉트를 정한 뒤 말을 한다면 훨씬 상대에게 어필하기가 쉬울 겁니다.

멋진 목소리에 힘차고 명확한 발음으로 내용을 전달하는 것도 좋겠지만 가장 중요한 것은 자신의 콘셉트를 발견하고 찾는 것입니다.

자기다운 스피치! 바로 최고의 스피치입니다.

그래서 자기의 목소리를 찾아야 하고 그 소리에 자신의 가치관과 정체성을 얹어 자신이 말하고 싶은 것이 무엇인지를 나타낼 수 있다면 그것이 바로 최고의 스피치가 될 겁니다.

이번 주는 바로 그 스피치 콘셉트를 공부하는 마지막 한 주입니다.

가장 중요한 순간이겠죠.

이번 주는 가장 중요한 주이기도 하고 앞서 연습한 2주를 정리하는 주이기도 하기 때문에 서론 설명을 좀 길게 하도록 하겠습니다.

차근차근 따라와 주세요.

대체로 면접이나 발표 시에 많은 사람이 준비한 대로만 합니다.

여기서 준비한 대로라는 건 '아무 생각 없이 떨지 않고 잘 읽고 틀리지 않고 별 질문 받지 않으면 성공!'이라고 생각하는 겁니다.

거기에 주위에서 "잘했다, 수고했다"는 말을 들으면 정말 자신이 잘했나 생각합니다.

거의 대개는 예의상 하는 말인데도 그저 그 칭찬을 믿고 싶고, 때론 믿어 의심치 않으며 확신하는 단계까지 이르게 됩니다. 그래서 저는 여러분께 꼭 동영상 촬영을 하라고 권합니다.

여러분이 보기에 어색하면 다른 사람들도 보기에 어색합니다.

아니 더 어색하고 이상하다 느끼게 됩니다.

그래서 표정 하나하나, 메시지 하나하나에 의미를 담아내야 합니다.

들기 좋은 소리보다 마음에 남는 말을 해야 하는 것입니다.

예쁘다, 못생겼다가 중요한 게 아니고 그 사람의 주장하는 바가 무엇이고 어떤 철학과 가치관을 가졌느냐가 가장 중요한 겁니다.

그리고 그것이 진솔하게 나타나야 합니다.

그래서 그 사람과 일하고 싶고 함께 무엇인가 만들고 싶다는 마음이 생길 수 있도록 할 때 자신이 원하는 것을 얻을 수 있기 때문입니다.

저는 그래서 이번 장에서는 감히 '말에 생명력을 불어넣는다'는 표현을 했습니다.

그렇습니다. 잠시 쉬어가는 것, 앞 음절 악센트 넣는 것, 입술에 힘주어 느낌 더 주는 것, 장음으로 의미를 명확히 전달하는 것, 발음 명확히 하는 것 등 하나하나가 다 말에 생명력을 불어넣습니다.

이는 곧 말에 진정성을 담는다는 것과도 일맥상통합니다.

그동안 익힌 것들로 멋진 음식을 만들어내듯 이제 콘셉트를 정해 말하는 훈련을 할 겁니다. 자 기대하시고 따라오세요!

먼저 첫날은 신뢰감 있어 보이게 하는 스피치를 공부할 겁니다.

말을 유창하게 한다고 다 똑똑해 보이거나 신뢰감이 드는 건 아닙니다.

때론 말은 유창하지 않은데도 신뢰감 있어 보이는 스피치가 있습니다.

오히려 이런 사람의 스피치는 그 사람의 깊이를 더 느끼게 합니다. 바로 신뢰감이죠!

아마 많은 사람이 유창하고 화려한 언변보다는 이런 신뢰감 있어 보이는 스피치 실력을 더 원할 겁니다.

신뢰감을 주는 말을 하는 사람들이 바로 아나운서입니다.

아나운서의 생명은 이 신뢰감에 달려있다 해도 과언이 아닙니다.

그래서 아나운서 같은 느낌을 주기 위한 노하우가 어떤 것이 필요한지 하나하나 톤부터 잡으면서 공부해보려 합니다.

둘째 날은 리듬감 있는 스피치를 공부합니다.

말은 자연스럽게 귀에 쏙쏙 들려야 합니다.

그런데 이상하게도 들리지 않고 지루하게 느껴지는 말들이 있습니다.

그건 말의 리듬감을 살리지 못했기 때문입니다.

노래를 따라 부르듯 흥얼거리듯, 그 말이 귀에 착착 달라붙어야 합니다. 그러기 위해선 리듬감을 익혀야 합니다. 말의 리듬을 타는 훈련이 그래서 필요합니다. 말의 리듬감이라니 궁금하시죠?

셋째 날은 전문성 있어 보이는 것, 전문가답게 말하는 법을 공부합니다.

그러기 위해선 정확하고 논리정연하게 들려야 합니다.

정확성과 논리성을 위해서는 글도 그렇게 준비돼야 하지만 말도 그에 따라 명확하게 중요사항을 강조하게끔 준비가 돼야 합니다. 상대방이 이해하며 잘 따라올 수 있도록 하는 데 있어 꼭 필요한 것은 상대방에 대한 배려입니다.

말에 배려를 더하는 법. 그 기법을 공부할 겁니다.

넷째 날은 설득력 있게 말하는 방법을 공부합니다.

누군가의 얘기를 듣고 마음을 바꾼다는 것은 대단한 겁니다.

내용만 잘 들리고 정확하게 들리는 게 중요한 게 아니고 무엇이 가장 중요한지 그래서 왜 마음을 바꿔야 하는지, 왜 이곳에 투표하고 찬성을 하고, 이 물건을 왜 사야 하고, 왜 자신을 뽑아야 하는지를 확실하게 전해야 합니다.

지금까지 공부했던 모든 것들 위에 자신이 강조하는 것 중 무엇이 중요한지를 전할 수 있는 방법을 훈련할 겁니다.

다섯째 날은 생동감 있게 표현하는 방법을 공부합니다.

가장 생동감 있게 말하는 사람을 꼽으라 하면 바로 리포터를 들 수 있습니다.

리포터처럼 보기만 해도 기분이 상큼해지고 통통 튀는 모습으로 생동감 있게 말을 하고 싶다면 기대하고 따라오세요.

여섯째 날은 자신감 있는 스피치에 대해 공부합니다.

자신감 있어 보이는 스피치는 바로 당당해 보이는 스피치겠죠?

가식적이지 않아 보이며 '척'하는 스피치가 아닌 자신의 말에 신념과 확신이 담겨있는 스피치!

바로 정치인들에게 가장 필요한 스피치입니다.

하지만 우리나라 정치인 중에 이렇게 당당한 스피치를 하는 사람은 몇이나 되는지 잘 모르겠습니다만 가장 자신감 있게 확신을 주면서 상대를 설득하는 정치인을 꼽으라면 바로 오바마 전 미국 대통령을 꼽을 수 있습니다.

그런데 자신감 있어 보이고 확신을 주는 당당한 스피치를 하기 위한 첫 번째 조건은 자기 말에 확신을 가져야 한다는 겁니다.

그렇기에 이 장에서는 자신의 생각과 소신에 확신을 갖고 말하는 훈련을 할 겁니다.

그러기 위해선 자신이 어떤 사람인지를 깨닫고 자기다운 스피치를 하는 게 무엇보다 중요합니다. 한마디로 자존감을 느낄 때 나오는 스피치라는 겁니다.

그리고 또 자신감 있는 스피치의 가장 핵심은 무엇보다 자기 톤을 찾는 겁니다.

처음부터 훈련했던 것이지만 자기 목소리, 자신의 내면의 소리에 귀를 기울일 수 있는 시간이 될 겁니다.

그리고 이 장은 지금까지 공부해온 모든 것에 가장 중요한 테크닉을 더하는 장이기에 이 부분만 제대로 공부해도 모든 것을 한 번에 익힐 수 있으니 기대를 하고 좀 더 확실히 공부하시길 바랍니다.

마지막 날! 바로 매력적인 자신의 목소리를 완성하는 날입니다.

이날은 그동안 했던 원고들을 모두 다시 해보면서 가장 자신 있게 자기를 표현할 수 있는 원고를 골라 자기 스타일로 연습하며 진솔하면서도 메시지가 명확히 전달될 수 있게 준비해 동영상을 찍을 겁니다.

그럼 마지막 주 공부를 시작할까요?

1 Day

신뢰감의 노하우 셋
: 표정, 발음, 속도

여러분의 말은 어떤 느낌인가요?

우리가 말을 명확히 하고자 하는 이유도 신뢰감을 주기 위해서입니다. 그런데 신뢰감은 발음만 명확해서도, 목소리만 커서도 안되고 모든 것이 갖춰져야 합니다. 말을 유창하게 하는 사람의 직업을 보면 보험설계사나 네트워크 사업을 하시는 분이 많습니다. 그중에는 내용을 진정성 있게 전달하시는 분들도 있지만 때로는 안타깝게도 너무 말만 유창해서 신뢰감이 떨어지는 경우가 있습니다. 즉 말을 유창하게 한다는 것은 막힘없이 내뱉는 것에 국한되는 것이 아니라는 말입니다.

신뢰감은 말만 유창해선 안 되고 표정에서 정직하고 신념에 찬모습이 보여야 하며 발음과 말의 속도도 듣기 좋게, 잘 들리게 맞춰야 합니다.

바로 앞에서 공부한 것을 어떻게 조합해 내 것으로 만드느냐가 관건이겠죠?

자 오늘 드리는 원고를 먼저 보고 그 내용을 잘 분석한 뒤에 한번 녹화해보도록 하죠.

그럼 먼저 호흡, 발성, 발음 연습부터 합니다.

가고 가고/ 기어 가고/ 걸어 가고/ 뛰어 가고

지고 가고/ 이고 가고/ 놓고 가고/ 들고 가고

쥐고 가고/ 잡고 가고/ 자꾸 가고

뻗은 가지/ 굽은 가지/ 구부러진 가지/ 가지가지의 가지

올라 가지/ 늦가지/ 찐가지/ 달린 가지

조롱조롱 맺힌 가지/ 열린 가지/ 달린 가지

도롱도롱 달린 가지/ 젊은 가지/ 늙은 가지

나물할 가지/ 냉국 탈 가지/ 가지각색 가려 놓아도

나 못 먹긴 마찬가지

봄 밤 꿈/ 봄 저녁 꿈/ 여름 낮 꿈/ 여름 밤 꿈

오동추야 가을 밤 꿈/ 동지 섣달 긴~ 긴~ 밤에/ 님 만난 꿈

뜰에 콩깍지/ 깐 콩깍지인가,/ 안 깐 콩깍지인가

간장공장 공장장은/ 강 공장장이고,/ 된장공장 공장장은/ 공 공장장이다

백양 양화점 옆에/ 백영 양화점,/ 백영 양화점 옆에/ 백양 양화점

앞집 뒷밭은/ 콩밭이요, 뒷집 옆밭은/ 팥밭이다

옆집 팥죽은/ 붉은 풋 팥죽이고/ 앞집 팥죽은/ 파란 풋 팥죽이다

깔순이가 그린 기린 그림은/ 상 안 탄 기린 그림이다

저기 있는 저분이/ 박 법학 박사이고

여기 있는 이분이/ 백 법학 박사이다

대한관광공사/ 곽진관/ 관광과장

조달청 청사 창살도/ 쇠창살, 항만청 청사 창살도/ 쇠창살

강창성/ 해운항만청장과/ 진봉준/ 강릉전매지청장

저/ 말 맨 말뚝/ 말/ 맬 만한 말뚝인가/ 말/ 못 맬 만한 말뚝인가

안병휘/ 대통령 특별보좌관

사다트/ 이집트 대통령과/ 아사드/ 시리아 대통령

Script

오늘의 연습문장

[앵커브리핑] 하루 10시간…'잠자는 봄, 잠 못 자는 봄'

통계 두 가지를 보여드릴 텐데요.

어제 나온 통계입니다.

첫 번째, 취업이 하고 싶지만 취업을 해본 경험조차 없다고 답한

20-30대 청년들의 숫자가 9만 5천 명. 12년 만에 최고치를 기록했습니다.

기업들이 이른바 '초짜'보다는 경력자를 우대하기 때문이라고 합니다.

취업절벽이란 말이 나올 만큼 찬바람 부는 청년고용시장을 상징적으로 보여주는 수치입니다.

어제 나온 통계 두 번째입니다. 서울대 의대에서 중장년층의 수면패턴을 조사했더니

하루 6시간도 자지 못한다는 남성이 10명 중 1명입니다.

대부분 업무와 미래에 대한 스트레스 때문이었습니다.

반면 하루에 10시간 이상 푹 자는 사람들도 있었습니다.

혹시 부러우십니까?

그런데 이렇게 답한 사람 중 직업이 없는 사람이 취업자에 비해 2배나 많다고 합니다.

두 가지 통계를 다시 한번 들여다봤습니다.

청년 실업자가 날로 늘어나고 그런 자식들 걱정에 잠 못 이루는 부모도 날로 늘어나지만

거꾸로 아예 구직조차 포기한 취업포기자.

이른바 취포자들이 할 수 있는 일이라곤 그저 밖에 나가 돈 쓰는 대신 10시간 넘게 잠이나 잘 수밖에 없는 서글픈 현실이 되어버린 건 아닐까요?

잠 못 이루는 사람들과 잠이라도 자야 하는 사람들.

묘한 대비를 이루는 통계들입니다.

(JTBC뉴스룸 손석희의 앵커브리핑. 2015.05.20일 방송)

The end.

내용이 좀 무겁죠?

일부러 좀 무거운 내용의 글을 준비했습니다.

신뢰감을 주기 위해서 약간 좀 무게감이 느껴지는 원고가 좋을 듯해서요.

혹시 시간이 되시면 손석희 앵커의 진행을 보는 것도 도움이 될 겁니다.

손석희 앵커는 목소리가 크지 않아도 울림 있는 목소리에, 환하게 웃지 않지만 표정에 내용을 다 담고 있어 보는 시청자를 몰입하게 하는 장점을 갖고 있습니다. 자 앞에서 했던 앞 음절 명확히 발음하는 것과 속도를 한번 체크해드릴 테니 보고 따라 해보세요.

통:계 두: 가지를 보여드릴 텐데요(1234)

어제 나온 통:계입니다(1234)

첫 번째,/ (1234)

취:업이 하고 싶지만 취:업을 해본 경험조차 없다고 답한

20(이:)-30(삼십)대 청년들의 숫자가/ 9만 5천 명(1234)

12년 만에 최:고치를 기록했습니다

기업들이 이른바 '초짜'보다는 경력자를

우:대하기 때문이라고 합니다(1234)

취:업절벽이란 말이 나올 만큼/ 찬바람 부는 청년고용시장을 상징적

으로 보여주는 수:치입니다(1234)

어제 나온 통:계 두: 번째입니다(1234)

서울대 의대에서 중장년층의 수면패턴을 조:사했더니/

하루 6시간도 자지 못한다는 남성이/ 10(열:)명 중 1(한)명입니다

대:부분 업무와 미:래에 대한 스트레스 때문이었습니다(1234)

반:면/ 하루에 10(열:)시간 이상

푹: 자는 사람들도 있:었습니다(1234)

혹시/ 부러우십니까?(1234)

그런데/ 이렇게 답한 사:림 중/ 직업이 없:는 사람이 취:업자에 비해

2(두:)배나 많:았다고 합니다(1234)

두: 가지 통계를 다시 한번 들여다봤습니다(1234)

청년 실업자가 날로 늘어나고/ 그런 자식들 걱정에
잠 못 이루는 부모도 날로 늘어나지만/
거꾸로/ 아예 구:직조차 포:기한 취:업포기자/ (1234)
이른바 취:포자들이 할 수 있는 일이라곤/
그저 밖에 나가 돈: 쓰는 대신 10(열:)시간 넘게
잠이나 잘 수밖에 없는 서글픈 현실이 돼버린 건/ 아닐까요?(1234)

잠 못 이루는 사:람들과/ 잠이라도 자야 하는 사:람들/
묘:한 대:비를 이루는 통:계들입니다(1234)
(2분 15초)

손석희 앵커를 떠올리며 최대한 문제를 제기한다는 생각으로 해보세요. 그리고 그동안 배웠던 장음, 악센트 주는 것, 4박자 쉬어가는 것 등을 생각하며 한번 연습해봅니다. 이제부터 좀 익숙해질 때까지 10번 읽어보세요.

감정을 충분히 넣고 말을 절대 빠르게 하지 않는 것, 그리고 표정도 좀 더 단호하게 읽는 훈련을 하면 보다 신뢰감 가는 모습을 보일 수 있습니다.

위의 문장 중에서 외워서 해야 할 부분을 정리해드릴게요.

가능한 이 부분이라도 외워서 하면 훨씬 당당하게 말하는 느낌이 듭니다.

통:계 두: 가지를 보여드릴 텐데요(1234)

어제 나온 통:계입니다(1234)

첫 번째,/ (1234)

취:업이 하고 싶지만 취:업을 해본 경험조차 없다고 답한

20(이:)-30(삼십)대 청년들의 숫자가/ 9만 5천 명(1234)

12년 만에 최:고치를 기록했습니다

(중략)

어제 나온 통:계 두: 번째입니다(1234)

(중략)

반:면/ 하루에 10(열:)시간 이상

푹: 자는 사람들도 있:었습니다(1234)

혹시/ 부러우십니까?(1234)

(중략)

두: 가지 통계를 다시 한번 들여다봤습니다(1234)

(중략)

잠 못 이루는 사:람들과/ 잠이라도 자야 하는 사:람들/

묘:한 대:비를 이루는 통:계들입니다(1234)

자 이 부분을 말할 때는 확신 있는 모습으로 하시기 바랍니다.

지금까지 계속 웃으면서 하는 원고들을 연습했는데 갑자기 심각한 원고를 대하니 어색해하는 사람들도 있을 겁니다.

표정을 만드는 데 있어 웃는 표정은 쓰지 않는 근육을 스트레칭시키고 자연스럽게 표정을 짓게 하는 데 도움을 줍니다. 그래서 그

동안 얼굴의 표정을 풀기 위해 계속 연습한 것이었습니다. 3주 마지막 수업에서는 여러분이 그동안 열심히 얼굴의 표정을 연습해 왔다는 전제하에 이렇게 심각한 원고도 읽는 훈련을 하는 겁니다.

그래도 앞에서 충분히 연습됐기 때문에 표정이 없어도 자연스런 분위기가 연출될 겁니다.

그리고 꼭 잊지 말아야 할 것은 절대 빨리 읽으면 안 된다는 것!

박자를 맞춰가며 발음에도 목소리도 신경 쓰면서 해야 합니다.

연습 다 했으면 동영상 녹화해보세요.

잊지 말아야 할 핵심은 이것이니 한번 짚고 넘어가시고요.

1. 내용정리 – 문장은 길지 않게, 입으로 소리 내어 읽었을 때 걸리지 않게 정리할 것
2. 마침표에는 무조건 쉰다 – 1,2,3,4
3. 주어 동사 체크하기
4. 주요 키워드 체크하기 – 앞 음절 명확히, 장단음 체크하기
5. 띄어 읽기 표시
6. 미소, 표정 만들기
7. 가슴으로 말하기

리듬감의 노하우 셋
: 장단음, 악센트, 의미다발

　말을 잘하는 사람들의 말을 듣다 보면 나도 모르게 빨려 들어가는 느낌이 들 때가 있습니다.

　우리는 그런 사람들을 보고 흔히 '청산유수 같다'는 말을 하곤 합니다. 말 그대로 말이 물 흐르듯 자연스럽고 부드럽게 흘러서 다른 생각할 틈을 주지 않고 그냥 빠져들게 합니다. 가만히 보면 노래하는 것처럼, 마치 잘 아는 노래가 나올 때 자신도 모르게 콧노래로 따라 부르는 것처럼 말입니다. 콧노래로 따라 부르는 것은 바로 그 리듬과 가사에 익숙해져 있다는 거죠. 마찬가지로 말도 그 말 속으로 빠져들려면 말의 리듬을 탈 줄 알아야 합니다.

　그러기 위해선 무슨 얘기인지 내용이 확실히 들려야 합니다.

　앞에서도 계속 얘기했던 것 중 하나가 장단음으로 그 뜻이 정확하게 전달돼야 하고 맺고 끊는 게 명확해야 합니다.

　그리고 강조하는 부분이 명확하게 들려야 하고요.

　무엇보다 전체적인 문맥에 따라 때로는 끊어 읽고 때로는 붙여 읽을 줄 알아야 합니다. 그게 제대로 돼야 뜻이 전달됩니다.

　보통 이것을 의미다발이라고 하는데요.

　이렇게 말하다 보면 듣는 사람들이 깊이 재미있게 경청하는 걸 느끼게 됩니다.

그럼 장음표로 연습하고 오늘 문장 시작할게요.

발음 연습표

가아 갸아 거어 겨어 고오 교오 구우 규우 그으 기이
나아 냐아 너어 녀어 노오 뇨오 누우 뉴우 느으 니이
다아 댜아 더어 뎌어 도오 됴오 두우 듀우 드으 디이
라아 랴아 러어 려어 로오 료오 루우 류우 르으 리이
마아 먀아 머어 며어 모오 묘오 무우 뮤우 므으 미이
바아 뱌아 버어 벼어 보오 뵤오 부우 뷰우 브으 비이
사아 샤아 서어 셔어 소오 쇼오 수우 슈우 스으 시이
아아 야아 어어 여어 오오 요오 우우 유우 으으 이이
자아 쟈아 저어 져어 조오 죠오 주우 쥬우 즈으 지이
차아 챠아 처어 쳐어 초오 쵸오 추우 츄우 츠으 치이
카아 캬아 커어 켜어 코오 쿄오 쿠우 큐우 크으 키이
타아 탸아 터어 텨어 토오 툐오 투우 튜우 트으 티이
파아 퍄아 퍼어 펴어 포오 표오 푸우 퓨우 프으 피이
하아 햐아 허어 혀어 호오 효오 후우 휴우 흐으 히이

앞에서 이미 학습한 장단음입니다. 다시 연습해봅시다.

장단음 연습표

• 눈(眼) – 눈ː(雪) (누운)

눈에 눈ː이 들어가니 눈물인지 눈ː(누운)물인지 모르겠다

- 말(馬) – 말:(言) (마알)

  말을 타고 말:(마알)을 하니 말이 말:(마알)을 알아듣나?

- 발(足) – 발:(廉)(바알)

  발을 씻고 난 뒤 마루에 올라 발:(바알)을 쳤다

- 밤(夜) – 밤:(栗) (바암)

  겨울밤에 밤:(바암) 구워 먹는 맛을 아십니까?

- 벌(罰) – 벌:(昆蟲) (버얼)

  벌을 받고 있는데 벌:(버얼)이 머리 위로 날아 벌:벌 떨다

- 노상(恒常) – 노:상(路上) (노오)

  아이들이 노상 노:(노오)상에서 노니 불안하다

- 동경(東京) – 동:(도옹)경(憧憬)

  동경을 늘 동:(도옹)경하고 있는 북해도의 하루꼬

- 부자(夫子) – 부:(부우)자(富者)

  불날 집 없는 거지부자는 부:(부우)자가 아닌 게 자랑이다

- 분수(分數) – 분:(부운)수(入場)

  분수를 배우는 것은 분:(부운)수를 알라는 것이다

- 사과(綾衾) – 사:(사아)과(謝過)

  사과를 들고 사:(사아)과하다

- 새집(新闃) – 새:(새애)집(鳥집)

  새집들이를 갔더니 현관에 새:(새애)집이 걸려 있었다

- 신문(新聞) – 신:(시인)문(訊問)

  신문을 보던 그가 신:(신인)문을 시작했다

- 연기(煙氣)   연:(여언)기(演技)

  긴 담배연기 내뿜는 그의 연:(여언)기는 일품이다

- 재기(才氣) – 재:(재애)기(再起)

  재기가 넘치는 그는 곧 재:(재애)기할 것이다
- 천재(天才) – 천:(처언)재(淺才)

  내 비록 천재는 못될망정 천:(처언)재는 아니다

아마 며칠 연습 안 했다고 다시 어색해졌을 겁니다. 그래도 연습했던 기억은 몸 어딘가에 남아있을 테니 스스로가 투자했던 시간을 믿고 다시 한번 해보세요.

숫자의 장음

고유어– 둘: 셋: 넷: 쉰: 열:

한자어– 이:, 사:, 오:, 만: (二, 四, 五, 萬)

24553 이:만 사:천 오:백 쉰: 셋:

25 이:십오: 12 열:둘:

4252 사:천 이:백 쉰: 둘:

15024 만: 오:천 이:십 사:

자동차 3대, 4대– 자동차 석:대, 넉:대

맥주 3잔 –석: 잔

소주 4잔 –넉: 잔

비행기표 3장–석:장

기차표 4장–넉:장

사람 2명, 3명, 4명–두:명, 세:명, 네:명

장음에 대해 이렇게 집중적으로 연습한 이유를 다음 원고를 보면 알게 될 겁니다.

오늘은 라디오 DJ 원고를 준비했습니다. 여러분도 아시겠지만 라디오는 무엇보다 유창하게 얘기하면서도 청취자가 상상하며 이야기 속으로 빠져들게 해야 합니다.

그래야 채널이 돌아가지 않고 청취자를 끌고 갈 수 있기에 리듬감을 익히는 데는 라디오 원고가 적당합니다.

그럼 내용을 먼저 읽어보고 분위기를 파악해보시죠.

Script

오늘의 연습문장

똑똑한 경제가 선정한 오늘의 숫자는 5만 5천 명입니다.
힌트 하나 드리자면 개성공단하고 관련이 있는 숫자인데요.
어떤 사람들이 5만 5천 명일까요?

비가 온 뒤에 땅이 더 굳는다는 속담, 남북 관계에도 들어맞을 수 있을까요?
남북한이 중단 133일 만에 개성공단 재가동에 합의했습니다.

개성공단에서 일하는 남과 북의 임직원,
근로자 수가 오늘의 숫자인 5만 5천 명입니다.
123개 입주 기업에 남한 임직원 수가 800명 정도고요.

그 공장에서 일하는 북한 노동자 수가 약 5만 4천 명이니까 대략 5만 5천
명입니다.

입주기업에 원부자재를 납품하는 업체까지 합치면
그 숫자는 훨씬 더 늘어날 겁니다.
8.15 광복절을 하루 앞두고 열린 이번 회담.
남북이 대결로 가느냐, 화해로 가느냐, 중대 갈림길이었는데요.
개성공단 정상화를 넘어 국제화까지 합의했다는 점에서 매우 고무적입니다.

이제 조만간 북한 근로자들은 초코파이나 라면을 보너스로 받을 거고요.
그 초코파이 맛을 보는 북한 주민들도 늘어나게 될 텐데
그렇게 두 나라의 상품과 문화가 교류되는 게 북한의 닫힌 문을 열게 하는
시작이 될 겁니다.

The end.

어떤가요? 내용에 수긍이 가시죠?

내용이 몇 년 전 이야기이긴 하지만 딱딱하고 재미없을 것 같은
내용을 이런 식의 퀴즈를 내는 형식으로 재미있게 말을 구성하고
여기에 감정을 담아 이야기하면 아주 쉽고도 재미있는 방식으로
말을 이끌어갈 수 있습니다. 요즘 뜨고 있는 설민석 선생님의 한국
사 이야기 정말 재미있죠? 사람을 쏙 빠지게 만드는 강의 덕에 정
말 재미없고 지루하다고 생각한 역사가 다이내믹하고 생생한 이야

기로 되살아나고 있습니다. 바로 이런 것이 말의 힘이라고 할 수
있죠! 여러분도 연습하면 이런 파워를 키울 수 있답니다. 원고를
한번 속으로 읽으면서 원고 안에 담긴 내용을 파악했다면 위의 원
고에 띄어 읽기, 장단음 표시해보고 다음에 나오는 원고와 비교해
보세요.

똑똑한 경제가 선정한 오늘의 숫자는/ 5(오:)만 5(오:)천 명
입니다(1234)

힌트 하나 드리자면/ 개성공단하고 관련이 있는 숫자인데요(1234)

어떤 사람들이 5(오:)만 5(오:)천 명일까요?(123456)

비가 온 뒤에 땅이 더 굳는다는 속담,/ 남북 관계에도 들어맞을 수
있을까요?(123456)

남북한이 중단 133일 만에/ 개성공단 재가동에 합의했습니다
(1234)

개성공단에서 일:하는 남과 북의 임:직원, 근:로자 수가/
오늘의 숫자인/ 5(오:)만 5(오:)천 명입니다(1234)

123(백스물세 개) 입주 기업에/ 남한 임직원 수가 800명 정도고요
(1234)

그 공장에서 일하는 북한 노동자 수가/ 약 5(오:)만 4(사:)천 명이니까 /
대략 5(오:)만 5(오:)천 명입니다(1234)

입주기업에 원부자재를 납품하는 업체까지 합치면/
그 숫자는 훨:씬 더 늘어날 겁니다(1234)

8.15(파리로) 광복절을 하루 앞두고 열린 이번 회담/

남북이 대:결로 가느냐, 화해로 가느냐,/ 중대 갈림길이었는데요 (1234)

개성공단 정:상화를 넘어 국제화까지 합의했다는 점에서/ 매우 고무적입니다(1234)

이제 조만간/ 북한 근로자들은/ 초코파이나 라면을 보너스로 받을 거고요(1234)

그 초코파이 맛을 보는 북한 주민들도 늘어나게 될 텐데/

그렇게 두: 나라의 상품과 문화가 교:류되는 게/

북한의 닫힌 문을 열:게 하는 시:작이 될 겁니다(1234)

마침표 다음은 4박자 쉬고 다음 문장으로 들어갑니다.

그리고 의문문일 때는 6박자 쉬어주세요. 뭔가를 물어봤으면 상대가 생각할 시간을 주는 게 예의니까요. 물어보고 상대가 생각하려고 하는데 바로 대답해버린다면 상대는 무시당하는 느낌을 받게 될 겁니다. 그래서 마침표보다는 조금 더 쉬어주는 겁니다. 이때 표정은 상대의 대답이 아주 궁금하다는 느낌으로 최대한 표정을 부드럽게 하고 말하는 것 잊지 마시고요!

표시한 대로 다시 느낌 넣고 마치 자신이 DJ가 된 듯이 경제를 쉽게 읽어주는 느낌으로 해보세요. 그리고 이렇게 긴 문장을 다 외우기는 어려우니 앞 문장과 뒤 문장 몇 줄만 외워서 해보도록 합니다.

똑똑한 경제가 선정한 오늘의 숫자는/ 5(오:)만 5(오:)천 명입니다(1234)

힌트 하나 드리자면/ 개성공단하고 관련이 있는 숫자인데요(1234)

어떤 사람들이 5(오:)만 5(오:)천 명일까요?(123456)

비가 온 뒤에 땅이 더 굳는다는 속담,/ 남북 관계에도 들어맞을 수 있을까요?(123456)

남북한이 중단 133일 만에/ 개성공단 재가동에 합의했습니다 (1234)

(중략)

개성공단 정:상화를 넘어 국제화까지 합의했다는 점에서/ 매우 고무적입니다(1234)

이제 조만간/ 북한 근로자들은/ 초코파이나 라면을 보너스로 받을 거고요(1234)

그 초코파이 맛을 보는 북한 주민들도 늘어나게 될 텐데/

그렇게 두: 나라의 상품과 문화가 교:류되는 게/

북한의 닫힌 문을 열:게 하는 시:작이 될 겁니다(1234)

외워서 내 말처럼 하는 것과 읽는 것과는 큰 차이가 나기 때문입니다.

역시 장단음, 띄어 읽기, 띄어 읽을 때도 의미에 따라 띄어 읽는 훈련을 해야 합니다.

그러면서 말의 리듬을 느껴보시기 바랍니다.

백 번 눈으로 읽는 것보다 한 번 소리 내서 읽는 것이 훨씬 중요합니다.

원고를 읽으면서는 항상 녹화해서 비교해보세요.

내용이 좀 길기 때문에 그 감정을 계속 끌고 가는 것이 무엇보다 중요하니 이번 문장은 10번이 아니라 20~30번 읽어가며 익히기 바랍니다.

1. 전문가란 느낌을 갖고 연출해본다.
2. 장단음, 띄어 읽기를 제대로 하는지 체크한다.
3. 의미를 충분히 이해하고 의미다발로 읽는지, 말하듯이 읽는지도 체크한다.
4. 말의 리듬이 느껴지는지 확인해본다.
5. 복식 발성이 되는지 목소리를 들으며 확인한다.

3 Day

중요 키워드 전달법의 노하우 셋
: 육하원칙, 명확성, 쉬어가기

간혹 내일 중요한 행사가 있다며 급하게 원포인트 레슨을 받고 가시는 분이 있습니다. 사실 가르치는 입장에선 좀 당황스럽기도 합니다. '남들 앞에서 스피치 하는 걸 얼마나 우습게 봤으면 이렇게 급하게, 그것도 단 1시간 만에 바뀌길 원할까?' 하는 생각이 들어서입니다.

'말을 제대로 한다는 게 얼마나 어려운 일인데'라는 생각, '말이 얼마나 중요한데 이렇게 경솔하고 가볍게 여길까' 하는 생각 등 여러 가지가 복합돼 포인트를 알려드리면서도 속상할 때가 한두 번이 아닙니다.

하지만 이런 분들을 자주 접하다 보니 늘 '어떻게 가장 짧은 시간 안에 가장 빠른 효과를 볼 수 있을까? 가장 쉽게 가르치는 방법은 없을까?'라는 고민을 하게 되는 것도 사실입니다.

바로 오늘 배울 방법이 거기에 해당되는 것입니다.

대개 중요한 행사에서 발표를 준비하게 되면 현란한 미사여구로 문장을 멋지게 만드는 데 집중합니다. 그러다 보니 정작 중요한 키워드는 제대로 발음도 안 하고 무엇이 중요한지도 모르고 영혼 없이 읽어버릴 때가 많습니다. 그래서 오늘은 말할 때 꼭 잊어서는 안 되는 키워드를 명확히 전하는 방법을 익혀보겠습니다. 가장 간단하면서도 명확하게 전달하는 방법의 형식은 바로 뉴스입니다.

먼저 뉴스는 육하원칙에 의해 작성되다 보니 가장 문장이 간결하면서도 지적인 느낌이 듭니다. 또한 중요 키워드를 전달하기 위해선 명확하게 발음해야 하고, 명확한 전달을 위해선 잠시 쉬었다가는 포즈기법이 중요합니다. 그럼 오늘은 간단한 뉴스 원고로 공부를 해보도록 하겠습니다.

먼저 간단한 문장부터 볼게요.

A: 고속버스가 중앙선을 침범해 / 마주 오던 승용차를 들이받아
B: 고속버스가 / 중앙선을 침범해 마주 오던 승용차를 들이받아

두 문장을 잘 살펴보면 피의자와 피해자가 다른 걸 알 수 있죠?

A 문장에선 고속버스가 잘못해서 중앙선을 넘어가, 마주 오던 승용차와 충돌했다는 뉴스입니다.

B는 고속버스가 제대로 운행 중이었는데, 갑자기 승용차가 중앙선을 넘어와서 고속버스가 들이받았다는 겁니다.

이처럼 띄어 읽기에 따라 뜻이 완전히 달라지기 때문에 호흡을 멈추는 포즈 부분은 무엇보다 중요합니다.

이렇게 제대로 띄어 읽는 것이 의미 전달의 정확성과 발음과 발성의 자연스러운 운율 등에 영향을 줍니다. 특히 하나의 의미를 표현한 구나 절의 끝에서는 일단 포즈를 둬야 내용이 제대로 전달

됩니다.

꼭 기억하시고요. 그럼 오늘 공부할 문장부터 볼까요?

Script

오늘의 연습문장

대통령은 오늘 오전 정부서울청사에서 열린 조류인플루엔자(AI) 관계장관 회의에서 내일 자정부터 48시간 동안 전국 일시이동중지명령 발령을 결정 했습니다.

일시이동중지명령 기간에는 가금류 관련 종사자와 차량의 축사 출입이 금지되며 가금류의 유통이 금지됩니다.

또 이동중지명령에 앞서 오늘은 검역본부와 전국 지방자치단체가 전국에서 일제 소독을 벌이기로 했습니다.

농림축산식품부와 검역본부, 농촌진흥청 등은 이 기간 중앙점검반을 운영해 농가와 축산 관련 시설의 적정 이행 여부를 점검하고 위반사항 적발 시 관련 법령에 따라 과태료를 부과하는 등 강력 조치할 계획입니다.

The end.

뉴스를 보면 육하원칙에 의해 언제, 어디서, 누가, 무엇을, 왜, 어떻게 했는지가 명확히 쓰여있기에 이 육하원칙이 나오는 시점에서 명확히 쉬고 전달하는 훈련을 한다면 메시지는 제대로 전달될 수 있습니다.

그리고 문장이 좀 어렵다 생각되면 주어, 동사만 구분해보고 그리고 육하원칙을 찾아보고 거기에 맞춰 띄어 읽기를 하면 쉽게 할 수 있습니다. 그럼 먼저 주어 동사만 구분해보죠.

대통령은/ 결정했습니다

가금류의 유통이/ 금지됩니다

검역본부와 전국 지방자치단체가/ 벌이기로 했습니다

농림축산식품부와 검역본부, 농촌진흥청 등은/

강력 조치할 계획입니다

주어, 동사만 구분해도 메시지가 훨씬 명확해집니다.

그럼 육하원칙으로 문장을 나눠 볼까요?

누가:대통령

언제: 오늘 오전

어디서: 관계장관회의

무엇을: 전국 일시이동중지명령 발령

어떻게: 결정했습니다

왜: 조류인플루엔자(AI)

이렇게 해보니 글의 내용이 간단하게 들어오죠?

이렇게 내용을 알고 말을 하면 말의 요점이 선명해집니다. 이렇게 중요한 글을 읽거나 말할때 육하원칙을 강조해주면 듣는 사람들도 좀 더 쉽게 내용을 이해하게 됩니다.

이번엔 키워드를 파란색, 장음은 붉은색으로 강조해서 표시해볼게요.

뉴스에는 전문용어나 복합명사가 많이 나오기에 잠깐씩 끊어 읽는 게 필요합니다.

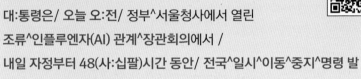

(장음 / 중요키워드)

대:통령은/ 오늘 오:전/ 정부^서울청사에서 열린
조류^인플루엔자(AI) 관계^장관회의에서 /
내일 자정부터 48(사:십팔)시간 동안/ 전국^일시^이동^중지^명령 발령을/ 결정했습니다

일시^이동^중지^명령 기간에는/ 가:금류 관련 종사자와 차량의 축사 출입이 금:지되며/ 가:금류의 유통이/ 금:지됩니다

또 이동^중지^명령에 앞서 오늘/ 검:역본부와 전국 지방^자치단체가/ 전국에서 일제 소독을/ 벌:이기로 했습니다

농림^축산^식품부와 검:역본부, 농촌진흥청 등은/ 이 기간 중앙점검반을 운영해/ 농가와 축산 관련 시설의 적정 이행 여부를 점검하고/ 위반사항 적발 시 관련 법령에 따라 과:태료를 부:과하는 등/ 강력 조치할 계획입니다

띄어 읽기만 해도 뜻이 선명해지는 것을 아마 느끼실 수 있을 겁

니다.

그리고 육하원칙으로 분석해보니 무엇을 전해야 하는지도 명확해지는 것을 알 수 있습니다.

이런 것처럼 여러분이 말을 할 때도 좀 더 분석해서 말을 하면 한결 논리정연한 말을 할 수 있습니다.

자 그럼 다시 장음과 악센트 포즈 표시를 눈여겨보세요.

이제 원고를 보면서 뉴스를 전하는 아나운서처럼 해보세요.

10번 연습을 기본으로 될 때까지 한번 연습해보시길 바랍니다.

모든 원고가 막상 읽으려면 발음이 잘 안 되는 경우가 많겠지만, 특히 뉴스는 정말 발음이 어렵습니다.

녹화하기 전에 빨대 물고 발음표, 장단음 연습하고 들어가세요.

1. 뉴스는 발성, 발음을 충분히 연습하고 해야 합니다.
2. 육하원칙으로 나눠보고 그 내용을 생각하면서 말하는지를 체크해봅니다.
3. 최대한 아나운서 흉내를 내면서 해보세요.
4. 특히 목소리가 신뢰감 있게 들리는지 중저음의 목소리가 나오도록 해봅니다.

4 Day

쇼호스트처럼 설득력 있게 말하기

우리가 하는 스피치의 종류는 거의 설득 스피치입니다.

면접이나, 브리핑, 프레젠테이션 등 대부분이 다 그렇습니다. 정보도 알려주는 정보 제공 스피치기도 하지만 결국은 이러저러해서 나를 뽑아야 하고 내가 제안한 것을 선택해야 한다는 설득 스피치입니다.

우리가 말을 하는 이유도 내 말로 인해 상대방의 행동이 변하기를 바라기 때문입니다. 그래서 말은 상대방의 마음을 움직일 수 있게 하는 최고의 실력이고 기술이죠. 말로 해서 안 되면 어떻게 되나요? 본인의 경험을 생각해봐도 여러 힘든 일들이 반복됩니다. 그래서 말이 잘 안 되는 아이들이 쓰는 방법이 울고 던지고 떼쓰고 칭얼거리는 '몸으로 말하기'인 것입니다.

아마 점점 갈수록 말이 더 중요해지는 시대가 될 겁니다. 자기 PR에 능해야 하고 한 사람 한 사람이 브랜드가 되는 시대가 오고 있는 까닭입니다. 그만큼 스피치도 중요해지겠죠. 그렇기에 여러분은 지금 정말 중요한 공부를 하고 있는 겁니다. 그래서 오늘은 가장 설득력 있게 말을 잘하는 쇼호스트의 대본을 준비했습니다.

쇼호스트는 정해진 시간 안에 물건을 팔아야 하기에 정말 많은 노력도 하고 심리학 공부도 한답니다. 직접 보고 만져보고 맛보고 뒤집어보고 해도 살까 말까 한데 그 짧은 시간에 그냥 보기만 하는 시청자에게 지갑을 열게 한다는 것 그리고 그 많은 상품을 팔 수 있다는 것, 정말 대단하죠?

그래서 그들은 말을 잘하는 테크닉보다는 정말 자기가 체험해봤더니 이런 점이 좋고 시중에 파는 물건보다 얼마나 더 저렴한지 그래서 '이 상품을 구매하는 당신은 정말 합리적인 사람이다'라는 인식을 각인시킵니다. 뻔한 이야기보다 펀(Fun)한 이야기를 하는 것이 포인트입니다. 일반적인 쇼핑 안내더라도 디즈니 만화보다 더 재미있어야 합니다. 그래야 고객의 마음을 끄니까요.

여러분도 홈쇼핑에서 물건 사보신 적 있으시죠? 어떠셨나요?

뭔가 사려다가 만 적도 있을 것이고 살 생각이 없었는데도 어느새 결제를 한 경우도 있을 것입니다.

이는 말이 가진 설득력 차이 때문인데요, 이 설득력은 말의 속도나 단어가 아닌 확신으로 만들어집니다.

즉, 말을 빨리하라는 게 아니고 확신을 갖고 상대가 믿을 수 있게 말하는 방법, 바로 설득력 있게 말하는 방법을 공부합니다.

그럼 원고부터 보시죠.

Script

오늘의 연습문장

네, 요즘은 스피치가 대세인 시대죠.

면접, 프레젠테이션 그리고 최근 각광받고 있는 크리에이터까지.

정말 자신이 알고 있는 것을 얼마만큼 조리 있게 잘 얘기하느냐에 따라 인생의 성공이 좌우되는 시대가 됐습니다.

그런데 여러분에게 "말 잘하십니까?"라는 질문을 하면 열에 아홉은 손사래를 치며 아니라고들 합니다. 그러면 "말을 잘 못 해서 공부해보신 적 있으십니까?"라고 질문을 하면 "예"라고 대답하는 분들 거의 없습니다.

'자신의 실력을 대변하는 스피치!'

그런데 이렇게 중요한 스피치를 한 번도 공부해보신 적이 없으시다고요?

그래서 오늘은 단 3주 만에 여러분의 스피치를 확실하게 업그레이드시킬 수 있는 책을 소개해드립니다.

먼저, 저자가 서울 MBC 아나운서 출신입니다.

믿을 수 있다는 얘기겠죠?

20년 넘게 방송인을 양성하고 있는 아카데미 대표가 직접 그 노하우를 이 한 권에 모두 담았기 때문에 누구나 신뢰감 있고 품위 있는 스피치를 할 수 있도록 한다는 게 가장 큰 특징입니다.

3주 동안 매일 어떻게 이뤄지는지 그리고 유형별로 모든 고민을 해결할 수 있는 솔루션을 제시하고 있어서 남녀노소 할 것 없이 누구나 쉽게 그리고 재미있게 따라 할 수 있도록 구성이 돼있습니다.

혼자 연습하면 작심삼일 되죠. 그래서 이렇게 QR코드를 '찰칵' 하고 찍기만 하면 저자가 직접 본문을 읽어주고 연습하는 방법까지 알려줍니다.

혹시 발음이 부정확하십니까?

사투리 때문에 고민이시라고요?

전달력이 떨어지십니까?

이 모든 고민을 한 번에 해결할 수 있는 스피치 성복서!

《목소리로 어필하라!》

오늘 만나보시죠.

여러분의 목소리를 바꿔드립니다!

The end.

쇼호스트의 원고를 여러분이 좀 편히 할 수 있게 제가 수정을 했는데 어떤가요?

쇼호스트의 스피치는 프레젠테이션에서도 굉장히 많이 응용됩니다. 면접을 보시는 분, 프레젠테이션을 준비하시는 분에겐 자신의 틀을 깰 수 있는 좋은 원고니 마음먹고 공부해보세요.

단, 쇼호스트처럼 말을 빠르게 할 필요는 없습니다.

톤도 좀 더 신뢰감을 보일 수 있는 톤으로 잡으면 더 좋을 것 같습니다.

제가 쉬어가는 곳, 강조하는 곳 준비했으니 원고 보면서 해볼까요?

원고 들어가기 전에 오늘도 복식 호흡, 발성, 발음 연습하고 시작하세요.

최소한 10분 정도는 연습해야 합니다.

발음 연습표

가아 갸아 거어 겨어 고오 교오 구우 규우 그으 기이
나아 냐아 너어 녀어 노오 뇨오 누우 뉴우 느으 니이
다아 댜아 더어 뎌어 도오 됴오 두우 듀우 드으 디이

라아 랴아 러어 려어 로오 료오 루우 류우 르으 리이
마아 먀아 머어 며어 모오 묘오 무우 뮤우 므으 미이
바아 뱌아 버어 벼어 보오 뵤오 부우 뷰우 브으 비이
사아 샤아 서어 셔어 소오 쇼오 수우 슈우 스으 시이
아아 야아 어어 여어 오오 요오 우우 유우 으으 이이
자아 쟈아 저어 져어 조오 죠오 주우 쥬우 즈으 지이
차아 챠아 처어 쳐어 초오 쵸오 추우 츄우 츠으 치이
카아 캬아 커어 켜어 코오 쿄오 쿠우 큐우 크으 키이
타아 탸아 터어 텨어 토오 툐오 투우 튜우 트으 티이
파아 퍄아 퍼어 펴어 포오 표오 푸우 퓨우 프으 피이
하아 햐아 허어 혀어 호오 효오 후우 휴우 흐으 히이

말했던 주의사항 하나씩 기억하며 해봅시다.

오늘 발음 연습은 평소처럼 명확히 하는 연습과 좀 더 빠르고 리드미컬하게 하는 연습 등 다양하게 해보세요.

쇼호스트 원고는 다른 원고들보다 말을 좀 빨리하는 연습을 하기에 좋은 원고입니다.

가고 가고/ 기어 가고/ 걸어 가고/ 뛰어 가고
지고 가고/ 이고 가고/ 놓고 가고/ 들고 가고

쥐고 가고/ 잡고 가고/ 자꾸 가고

뻗은 가지/ 굽은 가지/ 구부러진 가지/ 가지가지의 가지

올라 가지/ 늦가지/ 찐가지/ 달린 가지

조롱조롱 맺힌 가지/ 열린 가지/ 달린 가지

도롱도롱 달린 가지/ 젊은 가지/ 늙은 가지

나물할 가지/ 냉국 탈 가지/ 가지각색 가려 놓아도

나 못 먹긴 마찬가지

봄 밤 꿈/ 봄 저녁 꿈/ 여름 낮 꿈/ 여름 밤 꿈

오동추야 가을 밤 꿈/ 동지 섣달 긴~ 긴~ 밤에/ 님 만난 꿈

뜰에 콩깍지/ 깐 콩깍지인가,/ 안 깐 콩깍지인가

간장공장 공장장은/ 강 공장장이고,/ 된장공장 공장장은/ 공 공장장이다

백양 양화점 옆에/ 백영 양화점,/ 백영 양화점 옆에/ 백양 양화점

앞집 뒷밭은/ 콩밭이요, 뒷집 옆밭은/ 팥밭이다

옆집 팥죽은/ 붉은 풋 팥죽이고/ 앞집 팥죽은/ 파란 풋 팥죽이다

깔순이가 그린 기린 그림은/ 상 안 탄 기린 그림이다

저기 있는 저분이/ 박 법학 박사이고

여기 있는 이분이/ 백 법학 박사이다

대한관광공사 / 곽진관/ 관광과장

조달청 청사 창살도/ 쇠창살, 항만청 청사 창살도/ 쇠창살

강창성/ 해운항만청장과/ 진봉준/ 강릉전매지청장

저/ 말 맨 말뚝/ 말/ 맬 만한 말뚝인가/ 말/ 못 맬 만한 말뚝인가

안병휘/ 대통령 특별보좌관

사다트/ 이집트 대통령과/ 아사드/ 시리아 대통령

이 행사는 삼성생명 협찬입니다
오오오의 오천번 오천콜 대리운전 협찬입니다

상표 붙은 큰 깡통은 깐 깡통인가? 안 깐 깡통인가?

강낭콩 옆 빈 콩깍지는 완두콩 깐 빈 콩깍지고,
완두콩 옆 빈 콩깍지는 강낭콩 깐 빈 콩깍지냐?

우리집 옆집 앞집 뒤 창살은 홑겹 창살이고
우리집 뒷집 앞집 옆 창살은 쌍겹 창살이다
대공원의 봄 벚꽃놀이는 낮 봄 벚꽃놀이보다 밤 봄 벚꽃놀이니라

고려고 교복은 고급 교복이다
대우로얄 뉴 로얄

안촉촉한 나라의 안촉촉한 초코칩이 촉촉한 나라의 촉촉한 초코칩이 되
려고 촉촉한 나라를 찾아갔더니 촉촉한 나라의 초코칩이 "넌 안촉촉한
초코칩이니까 안 돼"라고 해서 안촉촉한 초코칩은 안촉촉한 초코칩 나
라로 돌아갔다

발음 연습을 했으니 이제 원고를 볼까요?

(파란색– 강조 / 빨간색– 중요키워드)

네, 요즘은 스피치가 대세인 시대죠.(1234)

면접, 프레젠테이션 그리고 최근 각광받고 있는 크리에이터까지.

정말 자신이 알고 있는 것을 얼마만큼 조리 있게 잘 얘기하느냐에 따라
인생의 성공이 좌우되는 시대가 됐습니다.(1234)

그런데/ 여러분에게 "말 잘하십니까?"라는 질문을 하면/ 열에 아홉은
손사래를 치며 아니라고들 합니다.(1234)

그러면/ "말을 잘 못 해서 공부해보신 적 있으십니까?"라고 질문을
하면/

"예"라고 대답하는 분들 거의 없습니다.(1234)

'자신의 실력을 대변하는 스피치!'(1234)

그런데/ 이렇게 중요한 스피치를 한 번도 공부해보신 적이 없으시다
고요?(1234)

그래서/ 오늘은 단 3주 만에 여러분의 스피치를 확실하게 업그레이드시
킬 수 있는 책을 소개해드립니다.(1234)

먼저,/ 저자가 서울 MBC 아나운서 출신입니다.(1234)

믿을 수 있다는 얘기겠죠?(1234)

20년 넘게 방송인을 양성하고 있는 아카데미 대표가 직접 그 노하우를
이 한 권에 모두 담았기 때문에/ 누구나 신뢰감 있고 품위 있는 스피치를
할 수 있도록 한다는 게 가장 큰 특징입니다.(1234)

3주 동안 매일, 어떻게 이뤄지는지/ 그리고/ 유형별로 모든 고민을 해결

할 수 있는 솔루션을 제시하고 있어서/ 남녀노소 할 것 없이 누구나 쉽게

그리고 재미있게 따라 할 수 있도록 구성이 돼있습니다.(1234)

혼자 연습하면 작심삼일 되죠.(1234)

그래서/ 이렇게 QR코드를 '찰칵' 하고 찍기만 하면/

저자가 직접 본문을 읽어주고 연습하는 방법까지 알려줍니다.(1234)

혹시 발음이 부정확하십니까?(1234)

사투리 때문에 고민이시라고요?(1234)

전달력이 떨어지십니까?(1234)

이 모든 고민을/ 한 번에 해결할 수 있는 스피치 정복서!(1234)

《목소리로 어필하라!》(1234)

오늘 만나보시죠.(1234)

여러분의 목소리를 바꿔드립니다!

이번 원고는 중요키워드가 귀에 들리고 생각하게 만드는 것이 포인트입니다.

이 부분을 신경 쓰면서 했나요?

무조건 글을 읽는 게 아니라 좀 더 신경 쓰면서 말해야 상대의 귀에 남게 됩니다.

이런 방송을 보게 되면 '그래 나도 한번 공부해볼까?' 하는 마음을 가질 수 있도록, '요즘 말 잘하는 게 트렌드이니 나도 한번 해봐야겠네!'라는 마음이 무의식중에 생기게 해야 합니다.

홈쇼핑 쇼호스트는 이 상품을 구매하신 분은 정말 합리적이고 현명한 사람이란 뉘앙스를 계속 인지시킵니다. 그래서 구매한 이

후에도 '참 잘한 선택이다'라는 만족감을 주게 만듭니다.

그리고 지금 이렇게 많은 사람이 구매하는 데는 분명 이유가 있으니 주저하지 말고 구매해야 한다는 압박감을 주게 되죠. 자 홈쇼핑을 보면서 느꼈던 그 기분대로 한번 흉내를 내서 해봅시다.

포인트는 빨강색으로 표시한 핵심키워드가 들려야 한다는 것입니다. 그러면서도 파란색으로 표시한 글들이 전체적인 뉘앙스를 만들 수 있도록 해보세요. 단, 너무 빠르게 읽으면 안 됩니다. 자연스럽게 말하듯이 하면서 내용이 들릴 수 있게 해보세요.

좀 어렵긴 해도 제가 표시해준 대로 하니 좀 편하죠? 10번 연습하고 녹음해보세요. 되도록이면 쇼호스트를 생각하면서 흉내 내보시는 것이 좋습니다. 그리고 동영상을 찍을 때는 눈과 표정이 어떻게 변하는지도 꼼꼼히 살펴보시기 바랍니다. 쇼호스트는 온몸으로 이야기합니다. 말을 혀로만 하는 것이 아니라 눈과 표정으로 힘있게 전달하는 것이지요. 그렇게 눈과 표정으로 말을 하다 보면 자연히 말에도 톤 변화가 주어지게 됩니다.

포인트는 자신의 톤의 변화를 자유자재로 할 수 있도록 하는 겁니다. 그러면서 자신이 고치고 싶어 하는 부분들이 잘 고쳐지고 있는지는 계속 확인하며 가야 합니다. 핸드폰에 녹음해가면서 발음 정도, 뉘앙스, 빠르기도 체크하면서 해보세요. 시간 가는 줄 모를 만큼 재미있게 공부할 수 있습니다. 특히 발음이 잘 안 되는 분들은 무조건 앞 음절을 명확히 하면서 해보세요. 훨씬 쉽게 하실 수 있을 겁니다.

　한 10번 정도 리얼하게 읽어보세요.

　그리고 여러분이 갖고 있는 이 책을 쇼호스트처럼 판다는 마음으로 설명해보세요.

　그러면 굳이 외우지 않아도 내용이 술술 설명이 될 겁니다.

　억지로 외우려고 하기보단 이해하며 설명해보세요.

　꼭 외워서 해야 하는 오프닝과 클로징 알려드릴게요.

네, 요즘은 스피치가 대세인 시대죠.(1234)

면접, 프레젠테이션 그리고 최근 각광받고 있는 크리에이터까지.

정말 자신이 알고 있는 것을 얼마만큼 조리 있게 잘 얘기하느냐에 따라

인생의 성공이 좌우되는 시대가 됐습니다.(1234)

그런데/ 여러분에게 "말 잘하십니까?"라는 질문을 하면/ 열에 아홉은 손

사래를 치며 아니라고들 합니다.(1234)

그러면/ "말을 잘 못 해서 공부해보신 적 있으십니까?"라고 질문을 하면/

"예"라고 대답하는 분들 거의 없습니다.(1234)

(중략)

사투리 때문에 고민이시라고요?(1234)

전달력이 떨어지십니까?(1234)

이 모든 고민을/ 한 번에 해결할 수 있는 스피치 정복서!(1234)

《목소리로 어필하라!》(1234)

오늘 만나보시죠.(1234)

여러분의 목소리를 바꿔드립니다!

이 원고는 동영상을 찍으면서 해보세요

좀 더 달라진 모습을 볼 수 있을 겁니다.

1. 전체적으로 설득력이 느껴지는지를 확인하세요.
2. 확신이 담겨있는지 확인해보세요.
3. 핵심 단어가 들려야 합니다.

5 Day

리포터처럼 생동감 있게 말하기

요즘의 키워드는 '재미'입니다. 무조건 재미있어야 합니다.

제게 강의를 의뢰하시는 많은 분이 무조건 재미있는 강의를 해 달라는 요청을 합니다.

강의 내용은 좋은데 청중을 집중시키고 흥미롭게 만들지 못하면 내용에 상관없이 그 강의는 좋은 강의가 아닌 것이 돼버리고 그게 그 사람의 실력으로 보이는 시대입니다. 앞서 말한 것처럼 **뻔한 걸 Fun하게** 만드는 게 바로 말하는 사람의 능력입니다.

뻔한 걸 Fun하게 한다는 게 어떻게 하는 걸까요?

바로 생동감 있게 하는 말입니다. 생동감 있는 스피치는 말을 살아나게 하고 전체적인 분위기를 띄우며 상대를 기분 좋게 하는 힘을 갖고 있습니다.

바로 방송 리포터들의 말이 그렇습니다. 생동감 그 자체죠.

오늘은 이 생동감 넘치는 기법으로 공부하겠습니다. 좀 어려울 수 있지만 한번 도전해보실까요?

말을 하는데 자신의 뉘앙스를 바꿔 말한다는 건 처음엔 참 어색할 수 있지만 이런 공부도 도움이 많이 된답니다. 우리가 변화를 주고 싶을 때 가장 먼저 헤어스타일을 바꾸죠? 이 헤어스타일을 바꿀 땐 어느 정도 마음의 준비를 해야 하는 거 아시죠?

그럼 한번 원고부터 읽어볼까요?

Script

오늘의 연습문장

시원한 바닷바람이 부는 이곳. 이곳은 바로 부산 해운대입니다.
지금 이곳에 유명한 축제가 열리고 있다고 해서 찾아 왔는데요.
어떤 축제인지 궁금하시죠? 절 따라오실까요?

짠! 제 뒤에 보이는 것들이 모두 모래로 만든 작품들입니다.
지금 이 해운대에서는 '해운대 모래축제'가 한창입니다.
5월 26일부터 29일까지 4일 동안 진행되는 해운대 모래축제는 올해로 벌써 13회를 맞이했다고 합니다.
모래를 소재로 한 세계 유일의 이 축제는 매년 다른 테마로 열리고 있는데요. 올해는 '모래, 행복을 그리다'라는 주제로 '만나고, 느끼고, 피어나다'라는 세 가지 콘셉트로 작년보다 더욱 특별하고 다양한 프로그램이 준비돼있습니다.
26일 전야제로 쇼미더러브 콘서트가 열려 유명한 힙합 가수들이 축제의 시작을 화려하게 알리고요.
남녀노소 즐길 수 있는 샌드보드, 샌드골프, 모래조각체험 등 다양한 참여행사가 준비돼있을 뿐 아니라 볼거리, 즐길 거리가 가득합니다.

본격적인 여름이 시작되기 전, 사랑하는 가족 또는 연인과 부산 해운대 모래축제에서 미리 피서를 즐기는 건 어떨까요?
지금까지 부산 해운대에서 OOO였습니다.

The end.

어떤 느낌이 드세요?

저희가 방송할 때도 바로 이 '느낌'이라는 것이 제일 중요합니다. 감정을 어떻게 잡고 말을 해야 하는지 어찌 보면 연기라고도 할 수 있기 때문입니다.

우리는 반가운 사람을 만나면 목소리 톤이 좀 올라가고 좀 어려운 분을 만나게 되면 어느새 말이 기어들어가게 되죠. 또 어떤 경우는 상대에 따라 목소리가 침울하게 내려갑니다. 바로 목소리 톤에 자기도 모르게 감정이 실리게 되는 겁니다. 그리고 이게 말하기의 포인트가 될 수 있습니다.

내가 어떤 사람을 만나면 기분이 좋아지는지 바로 그런 사람을 떠올리며 말하는 게 리포터들이 하는 생동감 넘치는 톤을 만드는 방법이라 할 수 있습니다.

특히, 면접이나 발표를 앞두고 있는 분들이나 발표불안증이 심한 분들이라면 자신의 불안한 감정을 커버할 수 있는 좋은 연습이니 큰맘 먹고 잘 따라와 주시기 바랍니다.

【 거울 보고 연습하기 】

그러면 먼저 표정부터 활짝 웃는 연습 하시고요, 하루 2시간씩 80시간은 노력해야 자신감 있고 호감 가는 표정이 만들어진다고 하네요. 그만큼 표정 짓는 게 쉽지 않으니 어색하더라도 계속 미소 연습, 미소 띠면서 말하는 연

습을 하셔야 합니다. 그리고 자신의 가장 멋진 모습을 기억하시고 그 표정을 계속 연습하세요. 가능한 거울을 보고 해야 그 표정을 자연스럽게 기억할 수 있습니다. '하와이~~~' 하는 표정으로 호흡 연습과 발성, 발음 연습 들어갑니다.

이번에는 제가 본문에 표시해놨으니 보고 읽어보세요.

시원~한 바닷바람이 부는 이곳. 이곳은 바로 부산 해운대 입니다(1234)

지금 이곳에 유~명한 축제가 열리고 있다고 해서 찾아왔는데요 (1234)

어떤 축제인지 궁금하시죠? 절 따라오실까요?(1234)

짠~!
제 뒤에 보이는 것들이 모~두 모래로 만든 작품들입니다(1234)
지금 이 해운대에서는 '해운대 모래축제가 한창인데요(1234)
5(오:)월 26(이:십육)일부터 29(이:십구)일까지 4(사:)일 동안 진행 되는 해운대 모래축제는/
올해로 벌써 13회를 맞이했다고 합니다(1234)
모래를 소재로 한 세:계 유일의 이 축제는/ 매:년 다른 테마로 열리고 있는데요
올해는 '모래/, 행복을 그~리다'라는 주제로
'만나고,/ 느끼고/, 피어나다'라는 세: 가지 콘셉트로/
작년보다 더욱 특별하고 다양한 프로그램이 준:비돼있습니다(1234)

26(이:십육)일 전야제로 쇼미 더러브 콘서트가 열려/
유:명한 힙합가수들이 축제의 시:작을 화려하게 알리고요(1234)
남녀노소 즐길 수 있는 샌드보드,/ 샌드골프,/ 모래조각체험 등
다:양한 참여 행사가 준:비돼있을 뿐 아니라 볼거리, 즐길거리가 가:
득합니다(1234)

본격적인 여름이 시:작되기 전,/ 사랑하는 가족 또는 연인과 부산 해
운대 모래축제에서/ 미리 피:서를 즐기는 건 어떨까요?(1234)
지금까지 부산 해운대에서 OOO였습니다

감정이 처음엔 잘 안 잡히죠? 우리가 노래할 때를 한번 생각해
봅니다. 아마 노래를 잘하기 위해 자기도 모르게 그 가수를 그대로
따라 하려 할 겁니다. 목소리뿐 아니라 제스처, 표정, 춤까지 따라
해야 그 느낌이 나고 그럴 때 사람들이 잘한다고 환호합니다.

말도 마찬가지입니다. 한번 리포터들을 따라 흉내 내 본다는 마
음으로 해보세요. 혼자 하는 시간이니 그렇게 어색하진 않을 겁니
다. 다시 마음먹고 해보세요.

이런 리포팅에선 오프닝, 클로징은 무조건 외워서 해야 하는데
먼저 외워야 할 부분들 알려드리겠습니다.

시원~한 바닷바람이 부는 이곳. 이곳은 바로 부산 해운대입니다
(1234)
지금 이곳에 유~명한 축제가 열리고 있다고 해서 찾아왔는데요
(1234)
어떤 축제인지 궁금하시죠? 절 따라오실까요?(1234)

짠~!
제 뒤에 보이는 것들이 모~두 모래로 만든 작품들입니다(1234)
지금 이 해운대에서는 '해운대 모래축제'가 한창인데요(1234)

(중략)
(클로징)

본격적인 여름이 시:작되기 전,/ 사랑하는 가족 또는 연인과 부산 해
운대 모래축제에서/ 미리 피:서를 즐기는 건 어떨까요?(1234)
지금까지 부산 해운대에서 OOO였습니다

오프닝과 클로징을 시원한 해운대 바닷가에서 한다는 느낌으로
해보시기 바랍니다.

이 연습을 하는 이유는 생동감을 넣기 위한 것이니까 혹 힘든 부
분이 있더라도 느낌을 꼭 살려서 해주세요. 오프닝과 클로징 연습
이 됐으면 이제 본문 연습을 합니다.

여기 원고에도 육하원칙이 나옵니다. 언제, 어디서, 어떤 내용의

행사인지가 잘 전달될 수 있도록 해보시기 바랍니다.

또 제가 표시한 색깔에 맞춰 해보세요.

체크표도 다시 한번 활용해보시고요.

10번 연습하고 녹음해보세요. 처음보다는 훨씬 좋아졌을 겁니다.

그리고 어색하면 10번 더 하셔도 괜찮습니다. 물론 더 많이 연습하시면 더 좋습니다!

연습 외에 왕도는 없습니다.

마지막에 다시 녹음이나 녹화를 해서 비교해보고 아래 표로 객관적인 점검을 한번 해봅니다.

요즘 강연을 잘하시는 분 중에 보면 강의를 더 멋지게 하기 위해 연기 공부를 하시거나 아나운서 공부를 하시는 분들도 꽤 있습니다. 그런데 연기는 좀 더 과장되고 시간도 많이 걸리기에 전 이런 리포팅이나 MC, 뉴스 등을 공부하는 게 더 도움이 많이 될 거란 생각이 듭니다.

혹시 이런 분들이 계시다면 더 마음을 잡고 리얼하게 연습해보시죠!

	매우 불만족	불만족	보통	만족	매우 만족
복식 호흡은 어떠한가?					
복식 발성은 어떠한가?					
웃으면서 하는가?					
입은 어느 정도 벌리는가?					
턱은 잘 벌어지고 있는가?					
장음이 느껴지는가?					
악센트가 느껴지는가?					
읽고 있는가?					
말하는 느낌인가?					
발음의 정도는 어떤가?					
호흡의 거친 정도는 어떤가?					
사투리나 다른 특징은 드러나는가?					
총평					

6 Day

정치인처럼 자신감 있게 말하기

지금까지 말의 느낌을 만드는 스피치에 대해 공부했습니다. 이제 오늘은 마지막 훈련으로 좀 더 자신감 넘치는 자기만의 느낌을 싣는 훈련을 할 겁니다.

자신의 메시지에 힘을 더 싣고 싶다면 첫 문장은 짧게 단문으로 말해보세요.

마치 정의를 내리듯이 말이죠. 자신의 주장을 확실하게 표현하기도 하고 뭔가 좀 더 전문가 같은 느낌이 들 수 있도록 할 겁니다. 짧은 단문으로 열정, 단호함, 용기, 확신이 느껴질 때 훨씬 당당하게 느껴집니다.

대개 6초 메시지라고 합니다.

명제를 말하듯, 그리고 주장하듯 강하게 이야기하고 다음 이야기를 전개하는 것을 말합니다. 자신의 뜻이나 의지가 얼마나 확고한지, 확신을 나타낼 때 사용하면 좋은 훈련입니다.

짧고 강하게 결론부터 말하고 그 이유에 대해 풀어나가는 방법입니다. 특히 이런 글은 자신의 확신, 소신을 담아내려고 할 때 상대에게 강하게 어필할 수 있는 방법입니다.

오바마의 연설을 보면 대개 이런 식으로 시작합니다.

특히 정치를 하는 분들처럼 자신의 소신을 명확하게, 자신감 있게 전달하기 위한 분들에게 더없이 좋은 표현입니다.

그러나 아무리 좋은 표현도 담아내는 목소리가 약하다든지, 힘이 없거나 발음이 안 좋으면 전혀 도움이 안 된다는 것 아시죠?

오늘도 발성, 발음 연습 충분히 하시고 문장으로 들어가시기 바랍니다.

오늘의 문장입니다.

Script

오늘의 연습문장

창조경제는 지우개입니다.
그동안 막아오고 막혀있던 규제를 지우는 것, 푸는 것에서 시작해야 한다는 말입니다.
지우개로 지우고 고치듯 규제완화에서부터 시작해야 합니다.
역대 정부마다 규제완화를 강조하지 않은 조직이 없었습니다.
그런데도 계속되는 걸 보면 아직 갈 길이 멀다는 얘기겠죠.

이 지우개는 다시 말하면 자율성입니다.
창조경제의 본질은 창조적 아이디어입니다.
현 창조경제의 윤종록 미래부 차관은 후츠파를 강조합니다.
이 후츠파는 이스라엘말로 '주제넘은, 뻔뻔한, 철면피, 오만'이란 뜻을 가지고 있습니다.
지위 고하를 막론하고 자기주장을 과감하게 내세울 수 있는 풍토가 돼야 한다는 말입니다.

그런데 우리 사회 현실은 '튀면 죽는다'의 문화입니다.

그 이유는 정부의 획일적 예산 편성과 급여지급으로 자율성과 독립성을 보장받을 수 없기 때문입니다.

창조경제는 목청 높여 외친다고 되는 게 아닙니다.

관치로부터의 탈피. 이를 통한 자율성 확보가 가장 중요합니다.

시인 박노해의 시 중에 〈제발 내비도〉가 있습니다.

"도 중에 최고의 도는 기독교도 아니고 유불선도 아니고

내비도다! 그냥 냅둬다.

아이들이 스스로 해내게 제발 내비도"

이 시가 가슴에서 맴돕니다.

창조경제의 키워드는 자율성입니다.

The end.

내용이 어떤가요?

사실 이 글은 몇 년 전 어느 대기업 부회장님이 신문에 기고한 글입니다.

'정권이 바뀔 때마다 새로운 걸 해보겠다고 시도하지만 정작 기업이 원하는 건 새로운 제도보다 기업의 자율성을 보장해주는 것이다. 바로 그것이 창조경제다'란 말을 이렇게 멋지게 그리고 쉽게 비유해 주장한 글입니다. 특히 박노해 시인의 위트 넘치는 시를 인용해 더 주장이 가슴에 와닿죠?

이런 글을 읽을 땐 마치 자신의 주장인 듯 표현하는 게 포인트입니다.

앞에서도 말했지만 말의 뉘앙스를 다양하게 연습하는 게 스피치 훈련을 하는 데 참 도움이 됩니다. 여기서도 역시 지난주에 공부했던 것들을 응용해보죠. 장음과 명확하게 발음하는 것, 마침표 다음에 4박자 쉬는 것, 또 내용에 따라 쉬어가는 것 등을 적용해볼까요?

창:조경제는 지우개입니다(1234)
그동안 막아오고 막혀있던 규제를 지우는 것,/
푸:는 것에서 시:작해야 한다는 말:입니다(1234)
지우개로 지우고 고치듯/ 규제완화에서부터 시:작해야 합니다(1234)
역대 정부마다 규제완화를 강조하지 않은 조직이 없:었습니다(1234)
그런데도 계:속되는 걸 보면 아직 갈 길이 멀:다는 얘:기겠죠(1234)

이 지우개는 다시 말하면 자율성입니다(1234)
창:조경제의 본질은 창:조적 아이디어입니다(1234)
현: 창:조경제의 윤종록 미:래부 차관은 후츠파를 강:조합니다(1234)
이 후츠파는 이스라엘말로 '주제넘은,/ 뻔뻔한,/ 철면피,/ 오:만'이란 뜻을 가지고 있습니다(1234)
지위 고하를 막론하고 자기주장을 과:감하게 내세울 수 있는 풍토가 돼야 한다는 말:입니다(1234)
그런데 우리 사회 현:실은/ '튀면 죽는다의 문화'입니다(1234)

그 이유는 정부의 획일적 예:산 편성과 급여지급으로/
자율성과 독립성을 보:장받을 수 없:기 때문입니다(1234)
창:조경제는 목청 높여 외친다고 되는 게 아:닙니다(1234)
관치로부터의 탈피. 이를 통한 자율성확보가 가:장 중:요합니다(1234)

시인 박노해의 시 중에 〈제:발 내비도〉가 있습니다(1234)
"도: 중에 최:고의 도:는 기독교도 아니고 유불선도 아니고
내비도다! 그냥 냅둬다(1234)
아이들이 스스로 해내게 제:발 내비도" (1234)

이 시가 가슴에서 맴돕니다(1234)

창:조경제의 키워드는 자율성입니다(1234)

(2분 30초)

어디서 강조해야 하는지, 어디서 쉬어야 하는지 포인트를 주니
훨씬 말하기 쉬워지죠? 그럼 이 글에서 외워서 해야 할 부분들을
다시 알려드릴게요!

창:조경제는 지우개입니다(1234)

그동안 막아오고 막혀있던 규제를 지우는 것,/

푸:는 것에서 시:작해야 한다는 말:입니다(1234)

지우개로 지우고 고치듯/ 규제완화에서부터 시:작해야 합니다(1234)

(중략)

이 지우개는 다시 말하면 자율성입니다(1234)

창:조경제의 본질은 창:조적 아이디어입니다(1234)

(중략)

시인 박노해의 시 중에 〈제:발 내비도〉가 있습니다(1234)

"도: 중에 최:고의 도:는 기독교도 아니고 유불선도 아니고

내비도다! 그냥 냅둬다(1234)

아이들이 스스로 해내게 제:발 내비도"(1234)

이 시가 가슴에서 맴돕니다(1234)

창:조경제의 키워드는 자율성입니다(1234)

오프닝 부분, 중간 브릿지, 클로징을 외워서 하면 훨씬 말하듯이 잘할 수 있습니다. 무엇보다 가장 중요한 것은 자신의 의견인 것처럼 당당하게 말하는 것입니다. 이 원고의 경우 문장이 다 짧기에 말하는 호흡에 딱 맞춰서 연습할 수 있습니다.

바로 이런 것이 좋은 원고를 쓰는 요령이기도 합니다. 기고하는 글이 아니라 발표 시에 쓰는 '내가 말로 표현할 글' 말입니다. 발표할 때는 대부분 호흡이 짧기 때문에 그 호흡에 맞춰 말하는 게 들

는 사람들 귀에도 잘 들리고 지겨운 느낌도 없앨 수 있답니다. 짧은 글에 호흡을 맞춰보라는 건 실전을 위해서입니다.

앞에 거울 놓고 자신의 표정을 보면서 느낌을 살려 해보세요.

먼저 '하와이' 표정을 만들면서 말하듯이 해보세요.

역시 10번 정도는 읽어보면서 톤 잡고 연습해보세요. 다 되면 녹음해보시고요.

항상 목소리 톤이 중저음으로 잡혀있는지 발음이 명확한지를 체크하면서 해야 합니다.

다음은 참고로 문재인 대통령의 취임사를 소개합니다.

우리나라 정치인 스피치 원고 중 가장 전달력이 높게 만들어진 문장 중 하나입니다.

6초 메세지의 기법을 활용해 한마디, 한마디가 귀에 쏙쏙 들어오도록 작성됐습니다.

특히 훈시의 글은 이런 식으로 해야 집중도를 떨어뜨리지 않고 임팩트 있게 전달될 수 있다는 좋은 예이기도 하니 한번 읽어보시죠.

〈문재인 대통령 취임사〉

존경하고 사랑하는 국민 여러분 감사합니다.

국민 여러분의 위대한 선택에 머리 숙여 깊이 감사드립니다.

저는 오늘 대한민국 제19대 대통령으로서 새로운 대한민국을 향해 첫걸음 내딛습니다.

지금 제 두 어깨는 국민 여러분으로부터 부여받은 막중한 소명감으로 무겁습니다.

지금 제 가슴은 한 번도 경험하지 못한 나라를 만들겠다는 열정으로 뜨겁습니다.

그리고 지금 제 머리는 통합과 공존의 새로운 세상을 열어갈 청사진으로 가득 차 있습니다.

우리가 만들어가려는 새로운 대한민국은 숱한 좌절과 패배에도 불구, 우리의 선대들이 일관되게 추구했던 나라입니다.

또 많은 희생과 헌신을 감내하며 우리 젊은이들이 그토록 이루고 싶어 했던 나라입니다.

그런 대한민국을 만들기 위해 저는 역사와 국민 앞에 두렵지만 겸허한 마음으로 대한민국 제19대 대통령으로서의 책임과 소명을 다할 것임을 서명합니다.

함께 선거 치른 후보들께 감사의 말씀과 함께 심심한 위로 전합니다.

이번 선거에서는 승자도 패자도 없습니다.

우리는 새로운 대한민국을 함께 이끌어가야 할 동반자입니다.

이제 치열했던 경쟁 순간을 뒤로하고 함께 손 맞잡고 앞으로 전진해야 합니다.
(중략)

빈손으로 취임하고 빈손으로 퇴임하는 대통령이 되겠습니다.

훗날 고향으로 돌아가 평범한 시민이 되어 이웃과 정을 나눌 수 있는 대통령이 되겠습니다.

국민 여러분의 자랑으로 남겠습니다.

약속을 지키는 솔직한 대통령이 되겠습니다.

선거 과정에서 제가 했던 약속들 꼼꼼하게 챙기겠습니다.

대통령부터 신뢰받는 정치를 솔선수범해야 진정한 정치 발전이 가능할 것입니다.

불가능한 일을 하겠다고 큰소리치지 않겠습니다.

잘못한 일은 잘못했다고 말씀드리겠습니다.

거짓으로 불리한 여론을 덮지 않겠습니다.

공정한 대통령이 되겠습니다.

특권과 반칙이 없는 세상을 만들겠습니다.

상식대로 해야 이득을 보는 세상 만들겠습니다.

이웃의 아픔을 외면하지 않겠습니다.

소외된 국민이 없도록 노심초사하는 마음으로 항상 살피겠습니다.

국민들의 서러운 눈물을 닦아드리는 대통령이 되겠습니다.

소통하는 대통령이 되겠습니다.

낮은 사람, 겸손한 권력이 되어 가장 강력한 나라를 만들겠습니다.

군림하고 통치하는 대통령이 아니라 대화하고 소통하는 대통령이 되겠습니다.

광화문 시대 대통령 되어 국민들과 가까운 곳에 있겠습니다.
따뜻한 대통령, 친구 같은 대통령으로 남겠습니다.
사랑하고 존경하는 국민 여러분,
2017년 5월 10일 오늘, 대한민국이 다시 시작합니다.
나라를 나라답게 만드는 대역사가 시작됩니다.
이 길에 함께해 주십시오.
저의 신념을 바쳐 일하겠습니다.
감사합니다.

읽어보니 어떤가요? 특히, 호흡이 짧은 분들한테 아주 좋은 글이고 의미를 전달하기 쉬운 문장입니다. 혹시 인사말이나, 축사를 할 때 참고하시면 아주 좋을 겁니다. 마치 대통령이 된 마음으로 해보세요.

발성, 발음 연습을 충분히 해도 때로는 때와 장소에 따라 자신의 실력이 확 달라지는 걸 느끼시는 분들이 많으실 겁니다.

혼자 있을 때는 되는데 중요한 자리만 가면 안 된다는 분들 많이 계시죠?

바로 그런 분들에게 도움이 되는 원고를 소개한 겁니다.

특히 이런 분들은 이 6초 메시지를 잘 활용해보시기 바랍니다.

그리고 한 문장 한 문장마다 본인의 목소리와 발음을 잘 들으면서 해보세요.

특히 장음에 신경 써서 하시기 바랍니다. 장음은 호흡을 내뱉으면서 말하는 것이기에 몸의 긴장도와 불안감을 없앨 수 있는 가장 좋은 방법이기 때문입니다.

단 몸에 그리고 목에 힘이 들어가면 안 됩니다.

자연스러워질 때까지 10번 해보시고 잘 안 되면 다시 10번 해보세요. 그리고 녹음을 해서 들으면서 해보세요. 뉘앙스가 달라지는 걸 점점 느낄 겁니다.

1. 자신감, 확신 있는 말투로 스피치 하는지를 체크
2. 장음, 복식 발성이 되는지, 표정은 자연스러운지 체크. 장음, 복식 발성이 안 되면 자신감 있는 말투가 나오지 않기 때문
3. 마침표 다음 4박자 쉬어 가는지, 이름, 고유명사, 외래어, 숫자는 명확하게 하는지 확인
4. 주장하는 내용이 들리는지 확인

7 Day

매력적인 내 목소리 완성!

그동안 정말 수고 많았습니다. 어떤가요? 자신의 말이 좀 나아졌나요? 목소리는 좀 바뀌었나요? 아니 무엇보다 뭔가 좀 더 해보고 싶은 욕구가 생겼나요?

열심히 공부한 분들은 자신 있게 대답을 할 거고요, 대답이 자신 있게 나오지 않는 분들은 그 이유를 본인이 더 잘 알고 있겠죠? 그럼 오늘은 처음 했던 '개' 원고부터 다시 녹화를 해볼 겁니다. 처음 동영상과 비교해서 얼마나 좋아졌는지, 또 아직도 개선되지 않은 건 어떤 게 있는지 스스로 점검해보는 시간입니다. 그리고 당연히 평가도 해야겠죠?

그럼 제가 오늘 해야 할 원고들을 몇 개 뽑아 드릴게요. 그중에서 5편을 연습하고 다시 녹화해봅시다. 먼저 복식 호흡으로 호흡을 가다듬어 봅시다.

【 복식 호흡 】

Practice - 호흡

숨 들이마시기
천천히
하나, 둘, 셋, 넷, 다섯, 여섯(12~15초 정도)
숨 멈추기(5~6초 정도)
숨 내뱉기(가느다랗고 길게 내뱉는다)
하나, 둘, 셋, 넷, 다섯, 여섯, 일곱, 여덟(15~20초 정도)
남은 호흡은 다 내뱉으세요.
내뱉기는 들이마시는 것보다 더 길게 끝까지 내뱉으세요.
호흡 정리하고 다시 시작.
5번 반복합니다.

Practice - 발성

숨을 복식 호흡으로 들이마셨다가 소리를 쭉 뻗어 던집니다.
소리가 멀리 간다는 상상을 하며, 목에 힘주지 않고 어깨도 들썩이지 않으며 상체에 힘을 빼고 약간 중저음의 편안한 소리를 내도록 합니다.
결코 예쁜 소리를 내는 게 아닙니다. 굵고 흔들리지 않는 목소리를 내는 데 신경 쓰세요.
2~3미터 앞의 목표물을 정하고 거기까지 소리가 도달한다는 느낌으로 쭉 보냅니다.
이때 자신의 목소리를 잘 들으면서 하세요.

소리 멀리 보내기, 소리 던지기

'아~~~~~' 10~15초 정도 자기 호흡만큼.
10회 정도 반복해보세요.
소리를 어느 정도 찾았으면 이제 발음, 음가 연습으로 갑시다.

Practice - 음가, 발음

먼저 입 모양을 확실하게 하고 제 음가의 모양을 만듭니다. 그 후에 복식 발성처럼 소리를 멀리 보내는 것입니다. 소리를 공으로 만들어 멀리 던지는 느낌이라고 하면 될까요?
한 자 한 자 명확히 하며 가능한 윗니가 보이도록, 입을 크게 벌리고 턱이 벌어지게 해야 합니다.
한 음가당 2~3초로 길게 소리를 내보냅니다.

가~하까지 7~8분 정도 걸리게 명확하면서도 천천히 해보세요.
그리고 항상 표정은 웃으면서 '하와이' 하는 느낌으로!
발음은 '가갸거겨'가 아닌 '가아, 갸야, 거어, 겨여, 고우~' 이런 식으로 발음하면 좀 더 명확해
집니다.
웃는 얼굴 잊지 마시고요!

【 웃는 얼굴 】

발음 연습표

가아 갸아 거어 겨어 고오 교오 구우 규우 그으 기이
나아 냐아 너어 녀어 노오 뇨오 누우 뉴우 느으 니이
다아 댜아 더어 뎌어 도오 됴오 두우 듀우 드으 디이
라아 랴아 러어 려어 로오 료오 루우 류우 르으 리이
마아 먀아 머어 며어 모오 묘오 무우 뮤우 므으 미이
바아 뱌아 버어 벼어 보오 뵤오 부우 뷰우 브으 비이
사아 샤아 서어 셔어 소오 쇼오 수우 슈우 스으 시이
아아 야아 어어 여어 오오 요오 우우 유우 으으 이이

자아 쟈아 저어 져어 조오 죠오 주우 쥬우 즈으 지이
차아 챠아 처어 쳐어 초오 쵸오 추우 츄우 츠으 치이
카아 캬아 커어 켜어 코오 쿄오 쿠우 큐우 크으 키이
타아 탸아 터어 텨어 토오 툐오 투우 튜우 트으 티이
파아 퍄아 퍼어 펴어 포오 표오 푸우 퓨우 프으 피이
하아 햐아 허어 혀어 호오 효오 후우 휴우 흐으 히이

숫자 세기

하나 두울 세엣 네엣 다섯 여섯 일곱 여덟 아홉 열
열하나 열둘 열셋 열넷 열다섯 열여섯 열일곱 열여덟 열아홉 스물
스물하나 스물둘 스물셋 스물넷 스물다섯 스물여섯 스물일곱
스물여덟 스물아홉 서른
서른하나 서른둘 서른셋 서른넷 서른다섯 서른여섯 서른일곱
서른여덟 서른아홉 마흔
마흔하나 마흔둘 마흔셋 마흔넷 마흔다섯 마흔여섯 마흔일곱
마흔여덟 마흔아홉 쉰
쉰하나 쉰둘 쉰셋 쉰넷 쉰다섯 쉰여섯 쉰일곱 쉰여덟 쉰아홉 예순
예순하나 예순둘 예순셋 예순넷 예순다섯 예순여섯 예순일곱
예순여덟 예순아홉 일흔
일흔하나 일흔둘 일흔셋 일흔넷 일흔다섯 일흔여섯 일흔일곱 일
흔여덟 일흔아홉 여든
여든하나 여든둘 여든셋 여든넷 여든다섯 여든여섯 여든일곱

여든여덟 여든아홉 아흔

아흔하나 아흔둘 아흔셋 아흔넷 아흔다섯 아흔여섯 아흔일곱

아흔여덟 아흔아홉 백

백 아흔아홉 아흔여덟 아흔일곱 아흔여섯 아흔다섯 아흔넷

아흔셋 아흔둘 아흔하나

아흔 여든아홉 여든여덟 여든일곱 여든여섯 여든다섯 여든넷

여든셋 여든둘 여든하나

여든 일흔아홉 일흔여덟 일흔일곱 일흔여섯 일흔다섯 일흔넷

일흔셋 일흔둘 일흔하나

일흔 예순아홉 예순여덟 예순일곱 예순여섯 예순다섯 예순넷

예순셋 예순둘 예순하나

예순 쉰아홉 쉰여덟 쉰일곱 쉰여섯 쉰다섯 쉰넷 쉰셋 쉰둘 쉰하나

쉰 마흔아홉 마흔여덟 마흔일곱 마흔여섯 마흔다섯 마흔넷

마흔셋 마흔둘 마흔하나

마흔 서른아홉 서른여덟 서른일곱 서른여섯 서른다섯 서른넷

서른셋 서른둘 서른하나

서른 스물아홉 스물여덟 스물일곱 스물여섯 스물다섯 스물넷

스물셋 스물둘 스물하나

스물 열아홉 열여덟 열일곱 열여섯 열다섯 열넷 열셋 열둘 열하나

열 아홉 여덟 일곱 여섯 다섯 넷 셋 두울 하나

장음 연습

가:장(假葬.假裝)/가장(家長) 고:해(告解)/고해(苦海)

과:거(過去)/과거(科擧) 부:자(富者)/부자(父子)

가:정(家定)/가정(家庭) 금:주(禁酒)/금주

새:집(새의 집)/새집(新屋) 연:기(演技)/연기(煙氣)

돌:집(석조건물)/돌집(생일집) 사:과(謝過)/사과(과일)

시:계(視界)/시계(時計) 여:권(與圈)/여권(女權.旅券)

고:전(古典)/고전(苦戰) 모:자(母子)/모자(帽子)

간: (肝)/간(간을 보다) 전:철(電鐵)/전철(前轍)

정:당(正堂)/정당(政黨) 과:장(誇張)/과장(課長)

광:주(廣州)/광주(光州) 구:두(口頭)/구두(신발)

뉴스에 자주 쓰이는 장음

방:송, 보:도, 취:재, 현:장, 현:재, 현:황, 계:획, 예:정, 오:전, 오:후

말:씀, 사:람, 대:통령, 장:관, 퍼:센트, 2:, 4:, 5:, 만:

검:찰, 경:찰, 사:건, 사:고, 병:원, 사:망, 이:하, 이:상

미:국, 유:럽, 광:주, 제:주, 영:동, 경:북, 경:남, 위:하다, 없:다, 말:했습니다

지금까지 스피치 수업을 따라오시느라 수고했습니다.

녹화는 어땠나요?

여러분이 첫날 녹화했던 동영상을 한번 보세요.

여러분이 고치고 싶었던 것들이 좀 개선이 됐나요? 동영상 촬영이 좀 익숙해진 후에는 눈과 표정의 변화까지도 꼼꼼히 살펴보시기 바랍니다.

어떤 점이 좋아졌고 아직 미흡한 부분이 무엇인지 표에 여러분이 직접 체크하고 써보세요. 그냥 생각만 하는 것과 직접 적으면서 세심하게 살피는 것은 하늘과 땅 차이만큼 다릅니다. 아래 평가표를 첨부하니 적극 활용해주세요.

평가표	
아직도 나의 가장 큰 문제점?	
안되는 발음?	
전달력은?	
표정이 눈에 보였는가?	
주어, 동사, 중요키워드가 들렸는가?	
띄어 읽기는?	
목소리의 정도는?	
자연스러운가?	

문제점	
어떻게 고칠까	

	매우 불만족	불만족	보통	만족	매우 만족
복식 호흡은 어떠한가?					
복식 발성은 어떠한가?					
웃으면서 하는가?					
입은 어느 정도 벌리는가?					
턱은 잘 벌어지고 있는가?					
장음이 느껴지는가?					
악센트가 느껴지는가?					
읽고 있는가?					
말하는 느낌인가?					
발음의 정도는 어떤가?					
호흡의 거친 정도는 어떤가?					
사투리나 다른 특징은 드러나는가?					
총평					

영화 〈광해〉를 보면 주인공이 얼결에 잡혀 와 왕 노릇을 해야 하는 장면이 나옵니다.

생긴 것도 풍채도 다 왕과 같지만 목소리만은 광대처럼 품위 없고 가벼워 도승지가 위엄 있는 왕의 목소리를 내라고 합니다. 그렇지 않으면 왕으로서 인정하지 않고 죽이겠다는 엄포까지 놓지요. 처음에는 살고자 목소리를 바꿨던 주인공은 점점 왕의 목소리를 내기 위해 왕처럼 생각하고 왕처럼 행동합니다. 그리고 결국 진짜 왕보다 훨씬 위엄 있는 모습의 존재가 됩니다.

그리고 신하들은 그 광대를 왕보다 더 존경하고 목숨을 바칩니다.

지금까지의 여러분은 목소리가 내가 가진 가장 큰 매력 자본이란 생각을 해본 적이 없는 사람들이었습니다. 하지만 지난 3주 목소리에 집중하고 연습하면서 '왕'의 모습을 생각한 주인공처럼 조금씩 변했을 것입니다.

어떠세요? 처음과 비교해선 훨씬 좋아졌나요? 아직 만족하지는 못하겠지만 3주만 이렇게 해도 확실히 달라진다는 걸 알았다면 지금부터 더 열심히 하시길 바랍니다.

말은 평생 죽을 때까지 합니다.

앞으로 더 발전된 자리에서 여러분이 원하던 그 자리에서 멋지게 한 말씀 한다 생각하면 지금보다 더 많이 훈련을 해야겠죠?

이 책을 수시로 보면서 여러분의 상태를 체크해보고 공부하면 정말 도움이 될 겁니다.

자기다운 스피치가
최고의 스피치다

3주 동안 공부하면서 무엇을 느끼셨나요?

아마 여러분은 신기하게도 앞으로 점점 매일매일 발전해가는 자신을 만날 겁니다.

저희 수강생들이 몇 주간 공부하고 수료할 때 모습보다 몇 달 후 몇 년 후에 만나게 되면 정말 멋지게 변해 있거든요. 그래서 제가 나중에 물어봅니다. 그동안 뭐 공부하셨냐고요.

그런데 이구동성으로 한결같이 하는 말이 있습니다.

수업받으면서 선생님들이 지적해준 자신의 안 좋은 모습이 너무 뇌리에 남아 고치려고 애를 썼고 자신도 모르게 말하기 전에 기본적인 것들을 훈련한 후에 말을 하고 발표했다는 겁니다. 습관이 발전을 만든 셈이지요. 얼마나 감사한지 모릅니다.

우리는 죽기 직전까지 말을 합니다. 사실 조금만 신경 쓰면 말에 대해서 가장 오래 공부하고 공부한 걸 써먹을 수 있다는 얘기겠죠.

고작 3주 공부하고 큰 차이가 없다고 실망하거나 걱정하지 마세요.

사람마다 다 차이가 있어서 금방 쫓아오는 분이 있고 시간이 좀 오래 걸리는 사람도 있습니다. 좀 더디 걸리는 분들은 시간을 좀 더 투자하면 됩니다.

그리고 놀라운 건 공부할 때 어려워하고 오래 걸린 분들이 더 확실히 공부가 돼서 정말 멋지게 확실하게 변하시더라고요. 앞에서도 말했듯 말은 평생 공부하는 겁니다.

학생들을 지도하다 보면 자신의 능력, 실력, 가능성보다 그냥 자기가 하고 싶어 무작정 달려드는 학생들을 보게 됩니다. 특히 방송인을 키워야 하는 입장에선 그래도 어느 정도 표준어도 할 줄 알고 외모도 좀 받쳐주는 학생을 가르치고 싶은 마음이 들곤 하는데 참 아이러니하게도 가능성이 보이는 학생들은 오히려 자기가 될 수 있을지 이것저것 재다 포기하는 경우가 더 많습니다. 그런데 가능성은 없어 보이는데 무작정 시작하는 학생들, 사실 선생 입장에선 골치가 좀 아프지만 그 학생들의 열정만큼은 그 누구도 따라갈 수 없음을 느끼게 됩니다. 그리고 그런 학생들은 정말 매뉴얼대로 요령 피우지 않고 열심히 합니다. 앞뒤 재지 않고 하라는 대로 다 합니다. 그런데 1달 정도만 지나도 그 아이들은 완전 다른 모습으로 변하게 됩니다.

도저히 가능성이 없어 보여 선생님들의 뒷목을 잡게 했던 그 많은 학생이 지금은 모두 방송인이 되어 있습니다.

이런 학생들을 보며 배운 게 있다면 그 누구도 너는 이 분야에 가능성이 있다 없다는 말을 할 수 없다는 것입니다. 절실히 원하는 목표가 있는 사람들은 그리고 그것을 바로 하나씩 실천하고 행동으로 옮기는 사람들은 어느새 자신의 목표에 가 있습니다. 어렵다는 말만 무성해지는 요즘 진정으로 내가 하고 싶은 것이 무엇인지를 찾고, 찾을 수 있게 도와주고 그 꿈을 향해 실천 가능한 구체적 목표를 세운다면 못할 일이 없다는 것을 기억했으면 좋겠습니다.

그리고 여러분이 자기다운 스피치를 통해 여러분의 목적을 이뤄냈으면 좋겠습니다.

자기다운 스피치! 그게 최고의 스피치입니다.

그래서 자기의 목소리를 찾아야 하고 그 소리에 자신의 가치관과 정체성을 얹어 자신이 말하고 싶은 것이 무엇인지를 나타낼 수 있다면 그것은 최고의 스피치가 될 겁니다. 그동안 배우고 익혔던 것들은 소리를 만들고 말을 전달하기 위한 기본기를 익히는 과정들이었고, 앞으로는 이것을 바탕으로 자기다운 목소리를 덧입히고 자신의 색깔을 넣은 자기만의 멋진 스피치를 만들어가길 바랍니다.

이제 나이가 들수록 자신의 말을 듣는 사람들은 더 많아질 겁니다. 그리고 청중도 더 다양해질 겁니다. 더욱이 자기 분야에 성공한 사람들은 더 많은 대중 앞에 서게 될 겁니다. 바로 그때를 위해 준비해야 하는 겁니다. 앞으로 더 멋진 여러분의 모습을 상상하며 여러분의 꿈과 목표를 이루시길 바랍니다.

이제 준비되셨죠?

한 번에 만족하지 못한다 해도 계속 관심을 갖고 노력하면 분명 많은 사람으로부터 칭찬받는 부러움을 받는 멋진 스피커가 될 겁니다. 이제 '목소리로 어필하는 여러분' 되시길 바랍니다.

모두 파이팅!

수고하셨습니다.

선물 같은
다섯 개의 팁

마음 성형으로 입이 아닌 마음으로 말하기

말은 입으로 하는 게 아닙니다!

제가 유명 정치인들이나 유명 인사들 코칭 때 늘 하는 말입니다.

말은 팩트보다 뉘앙스가 더 중요합니다.

글이 팩트를 전한다면 말은 팩트 뒤에 숨어 있는 모든 감정과 생각과 진심을 전합니다. 최근 문자나 이메일보다 각종 메신저를 더 많이 사용하는 이유 중 하나는 이런 뉘앙스, 감정을 대신 전해줄 수 있는 이모티콘 때문이 아닐까 합니다. 이모티콘을 사용해서 자유자재로 다양하게 감정을 나타낼 수 있기 때문이죠. 문자만 보냈을 때랑 이모티콘을 섞어 사용했을 때랑 상대방이 받아들이는 이미지는 하늘과 땅 차이만큼이나 크게 나타납니다. 요즘은 바로 이 글에도 이모티콘을 사용해 자신의 실제 감정을 표현하는 시대이니 말은 더 말할 나위가 없겠죠?

그런데 소위 높은 자리에 오래 계셨던 분들은 그걸 모릅니다. 왜일까요?

계속 대접만 받아왔기 때문입니다. 자신이 얘기하면 뭐든 됐고, 때로는 신의 명령처럼 받아들여졌으며, 상대에 대한 배려를 생각해보지 않아도 되는 환경에서 생활했기 때문입니다. 그리고 그런 환경이 계속될 거란 착각을 했기 때문입니다. 그러나 이제 뭔가 소통이 필요하다 느낀다면 바로 그 마음을 내려놓아야 됩니다.

자신의 말, 목소리를 제대로 듣고 싶다면 눈을 감고 들어보세요.

얼마나 차갑고 교만하게 들리는지, 아니면 얼마나 힘없고 나약하고 의지 없게 들리는지 말입니다.

목소리에 힘을 주고 명확히 말하는 것도 중요하지만 자신이 어떤 느낌의 말을 전하고 싶은지가 더 중요합니다. 그러기 위해선 어떤 테크닉을 익혀 하는 것보다 가장 쉬운 방법은 상대를 존중하고 사랑하고 인정하는 마음으로 따뜻하게 얘기하는 게 기본입니다.

그래서 전 늘 강조합니다.

가슴으로 얘기하세요!

눈으로 말하세요!

최대한 감정을 실어 말하라는 겁니다.

미안할 때는 정말 미안한 마음으로, 감사할 땐 가장 감사한 마음으로, 가장 진실된 마음으로 그러면 상대방의 마음이 움직이기 시작합니다.

마음이 없는 테크닉은 상대방이 귀신같이 압니다. 여러분은 연기자가 아니기 때문이죠.

이런 기본 위에 말의 기본 테크닉이 더해진다면 여러분은 많은 사람의 추종을 받게 될 겁니다.

따뜻하게, 천천히, 친절하게 말하면 아무리 작은 소리로 말을 해도 주변 사람들의 집중을 이끌어낼 수 있습니다.

반면에 아무 표정 없이 대답하고 말하게 되면 금방 냉기를 느끼게 되죠.

외국인 중 미국사람들은 가장 친절한 뉘앙스로 말을 합니다. 그러나 러시아 사람들은 정말 표정이 없어 차갑고 무서워 보입니다. 그리고 공산권 국가에서 자란 사람들은 바로 얼굴에서 나타납니다.

여기서 알 수 있는 건 말에서 느껴지는 삶의 환경입니다. 가끔 아무런 사전 정보가 없는 사람을 만나 몇 마디 하다가 그 사람의 자란 환경, 배움의 정도, 한마디로 그 사람의 문화를 어렴풋이 느꼈던 적 없었나요? 그리고 사귐이 깊어진 후에 그 첫 느낌이 얼추 맞았던 경험도 혹시 있지 않으신가요?

그렇다면 여러분은 어떤 사람으로 보이고 싶으신가요?

그래서 제가 앞에서 훈련할 때 항상 웃으면서 말하라고 '하와이' 하면서 훈련을 시킨 겁니다.

이렇게 웃으면서 말을 하면 따뜻하고 진정성 있게 말할 수 있습니다.

여기에 하나 더 더한다면 진실해야 한다는 것입니다.

선거를 치를 때마다 그 사람의 공약보다도 더 중요하게 다뤄지고 결국 마지막에 당락을 판가름하는 것이 바로 진실성입니다. 이 진실성에 조금만 문제가 생기면 하루아침에 유권자는 싸늘하게 등을 돌리게 됩니다. 진실성은 마음에서 나옵니다. 속일 수도 없는 것이고 반드시 드러나는 것이라 정말로 내면에 차곡차곡 쌓아야 하는 재료이기도 합니다.

따뜻하게, 진실되게, 친절하게 말하기 위해선 우선 진실하고 따뜻한 사람이 돼야겠네요. 말은, 나를 나타내는 증명이니까요.

자세와 스타일이 전하는 말보다 큰 의미

말을 하기 전에 상대방을 압도하는 재주가 있다면 그것보다 큰 영향은 없을 겁니다. 호가호위라는 말 아시죠?

호랑이의 가면을 쓰고 호랑이 행색을 했더니 모두가 자기 앞에서 절절대는 모습. 물론 긍정적인 이미지는 아니지만 많은 사람은 보이는 대로 믿게 됩니다. 바로 그게 사람입니다.

그렇다고 과장되게 거짓을 보이라는 게 아니라 그만큼 상대방 앞에서 어깨를 펴고 당당한 자세로 다가가는 사람들과 자신 없어 보이는 자세와 제스처는 확연히 다른 결과를 가져옵니다. 그래서 요즘 이미지에 대한 책이 많은 인기를 누리고 있습니다.

당당해 보이는 자세와 힘 있는 목소리.

자신 있는 표정.

활기찬 스피치.

어떠세요? 생각만 해도 멋지죠?

이런 모습을 한 사람 누가 생각나시나요? 바로 아나운서들의 모습입니다.

옛날 중국에서도 관원을 뽑을 때 기준 역시 신언서판(身言書判)이었습니다.

먼저 그 사람의 당당한 외모를 보고, 말하는 것을 보고, 글을 통해 실력을 보며, 마지막은 판단력으로 그 사람의 실력을 가늠했다고 합니다. 요즘도 면접으로 마지막 합격자를 결정하는 이유가 바로 여기에 있겠죠.

특히 UCLA 심리학과 명예교수인 메라비언의 연구 결과가 결정적으로 입증을 해주고 있습니다.

메시지를 전달할 때 메시지의 내용보다 비언어적인 요소들이 무려 93%나 차지한다는 놀라운 결과는 우리가 무엇을 더 신경 써야 하는지를 단적으로 알려줍니다. 그런데 학교에서 모범생으로 자란 학생들이 사회 나와서 힘들어 하는 것이 바로 이런 겁니다.

그동안 학교에선 굳이 말을 안 해도 성적만 좋으면 무사 통과였는데 사회에선 소위 리더십이 더 중요한 시대가 됐기 때문이죠. 전 그래서 학생들에게 운동을 권합니다. 자세를 당당하게 펴고 근육과 힘을 느낄 수 있도록 하기 위함입니다. 그렇다고 식스팩의 근육질의 사람을 요구하는 게 아닙니다.

정직하게 땀 흘리고 운동한 사람들은 긍정의 파워가 느껴지고 훨씬 건강해 보입니다. 그리고 운동을 통해 근육이 바로 선 사람들은 자세가 나쁠 수가 없습니다.

이 자세가 정말 중요한데 그중에서도 서있는 자세는 반드시 체크해서 고치고 다듬고 습관을 바로 들일 필요가 있습니다.

남자는 발을 어깨너비로 벌려 11시 5분 방향으로 발을 살짝 틀어 무릎을 힘 있게 펴면 배도 들어가고 자연스럽게 어깨도 펴집니다. 또 요즘은 컴퓨터를 많이 하다 보니 척추 측만증이 많아, 서있을 때 어깨가 삐뚤어진 경우가 많습니다. 따라서 어깨의 밸런스를 맞추는 것도 중요하답니다.

그리고 옷은 너무 유행에 민감한 옷보다는 적당히 여유가 있는 바지와 양복이 면접이나 프레젠테이션에서는 무난합니다. 그리고 여성들도 서있는 자세가 중요한데 다리는 자연스럽게 무릎을 붙이는 게 중요합니다. 여자의 경우 다리를 벌리고 서는 것은 삼가면 더 좋습니다.

여기에 정갈한 헤어스타일과 자신의 단점을 커버할 메이크업은 기본 예의겠죠. '뭐 이런 것까지?'라고 생각지 마시고 호가호위, 신언서판, 메라비언 법칙을 생각해 꼭 준비하셔야 합니다.

여자의 경우는 서있을 때 다리를 벌리고 서있는 경우들이 종종 있습니다.

좀 더 품위 있고 단아해 보이는 모습을 원한다면 무릎이 벌어지지 않게 서는 게 좋습니다. 특히 치마 입고 앉았을 때는 무릎을 붙이는 게 중요합니다. 목소리, 표정, 자세, 전체적인 이미지, 제스처 그 자체가 모두 메시지기 때문입니다.

이미지 트레이닝

누구나 말을 잘하고 싶어 합니다.

그런데 생각만큼 쉽지 않죠?

거기다 발표불안증까지 겹치게 되면 어떻게 헤어 나올 길이 없어 보이기도 합니다.

내가 성공적인 스피치를 하고 싶을 때 특히 발표불안증이 심한 분들에게 권하는 방법 중 하나가 바로 이미지 트레이닝입니다. 한마디로 설명하자면 성공적으로 발표하는 모습을 이미지로 즉 생각으로 상상하며 그때의 느낌을 충분히 자세하고 아주 세밀하게 연습하는 겁니다. 실제 상황과 마찬가지로요.

예를 들면 스피치 발표를 하는 경우나 프레젠테이션의 경우 자신의 발표 내용을 외우는 것뿐 아니라 그 장소를 구체적으로 떠올리세요. 그리고 그 장소의 크기, 인테리어, 분위기, 그곳의 느낌, 사람들의 모습 등 지금까지 들은 정보를 취합해 충분히 상상해보세요.

자신의 모습, 컨디션은 어떨지, 내 차례가 되면 어떻게 들어가고 인사는 어떻게 할지, 표정은 어떤지, 첫 시작은 어떻게 할 것인지 등등 모든 것을 상상하며 실제인 것처럼 연습해보세요.

내용을 다 발표한 다음에는 아주 자신감 넘치는 표정과 자세로 인사하며 질문을 받을 땐 얼마나 자신감 있게 하는지 그에 맞는 제스처까지도 연습합니다. 답변을 마치고는 정중히 인사한 후에 웃으면서 당당히 자신의 자리까지 가서 앉는 모습, 그리고 주위에서 잘한다는 평가를 받았을 때의 당당한 모습까지 상상하며 이미지로 떠올리는 훈련이 바로 이미지 트레이닝입니다. 여러 사람들이 있어 연습하기 어렵다면 이런 이미지 트레이닝은 꼭 필요한 훈련법이 될 수 있으니 어떤 상황에서도 충분히 하려 노력해야합니다.

대부분 원고 내용이 준비되고 나면 모든 준비가 끝났다 생각하고 '어떻게 잘 되겠지?'라고 편하게 여기는 경우들이 많습니다. 절대로 안 됩니다.

말은 입 밖으로 얼마나 실전처럼 연습했느냐에 따라 결정이 되기에 실전연습이 어려운 경우에는 이 이미지 트레이닝을 반드시 해야 한다는 것 꼭명심하세요.

스피치 응급처방, 세 가지만 기억하라!

갑자기 스피치를 하게 되는 상황을 맞이할 때가 있죠? 이럴 땐 정말 난감하고 어쩔 줄 모르게 됩니다. 그런데 바로 이런 돌발 상황을 어떻게 대처하느냐에 따라 그 사람의 실력이 달라 보이고 내공이 다른 사람처럼 보이게됩니다. 이렇게 한시가 급할 때 쓰는 긴급처방을 알려드립니다. 이것만 기억해도 정말 멋지다는 평을 받을 겁니다.

첫째, 웃으면서 여유롭게 미소 지으며 나가세요!

남들에게 여유롭게 보이는 것도 있지만 자기 스스로에게 암시를 주는 겁니다. 쓸데없이 긴장하지 말라는 말입니다. 남들은 별로 신경 안 쓰는데 자기 스스로 긴장해서 분위기를 망치고 자기 자신에게 더 창피해지는 경우가 많습니다. 남들보다 자기 자신에게 이런 감정을 갖게 되면 흔히 말하는 자존감이 낮아지기 때문에 나중에 정말 넘을 수 없는 벽처럼 스피치에 대해선 완전히 자신감을 상실하게 되는 경우가 종종 생깁니다. 중요한 건 떨리지 않게 하는 것이 아니라 **남들 보기에 안 떨리는 것처럼만 보이게 하면 되는 것입니다.** 단 여기서 웃는 모습은 좀 정정당당해 보이고 멋있어 보이는 게 중요합니다.

그러니 평소에 좀 멋지게 미소 짓는 연습을 많이 하세요.

다시 해볼까요? "하와이~~~"

두 번째, 자신이 해야 하는 말의 키워드가 들려야 한다는 것을 기억하세요!

대부분이 말은 하는데 무슨 말 하는지도 모르게 웅얼웅얼하다 들어가는 사람들을 많이 봅니다. 그러면 정말 안타깝기도 하고 짜증이 나기도 합니다. 오랜만에 만나 반갑다는 말을 하는 건지, 초대해주셔서 감사하다는 말인지, 뽑아주셔서 감사하다는 말인지 내가 하는 말의 키워드가 들리게 해야 한다는 겁니다.

예를 들면

"그동안 안녕하셨습니까? 이렇게 오랜만에 만나 뵙게 되니 정말 반갑습니다. 오늘 오랜만에 만난 회포 잘 나누시고 즐거운 시간 되십시오."

라는 아주 뻔한 말을 하더라도 명확하고 자신 있게 하면 사람들의 이목이 집중되며 그 사람이 달라 보이는 경우가 많습니다. 여기서 키워드를 좀 표시해본다면

그동안 안녕하셨습니까?

이렇게 **오랜만에** 만나 뵙게 되니 정말 **반갑습니다.**

오늘 오랜만에 만난 **회포** 잘 나누시고 **즐거운 시간** 되십시오.

정도가 되겠네요.

그리고 마지막으로 앞에만 나가면 긴장돼서 말의 빠르기가 조절이 안 되는 경우들이 종종 있습니다. 이런 경우 호흡이 불편해지다 보면 더 긴장이 증폭되고 머릿속이 하얘지곤 합니다.

바로 이런 발표불안증을 없앨 수 있는 방법! 앞에서 알려드렸죠?

세번째는 마침표 다음에 1, 2, 3, 4 숫자 세기입니다.

숫자는 아주 빠르게 세는 겁니다. 숫자를 못 세겠다면 손가락을 넷까지 빠르게 접는 것도 방법 중 하나입니다. 이 정도 쉬어가면 호흡을 하기에 편한 포즈가 되기에 꼭 이렇게 쉬어보세요.

자 앞의 인사말에 숫자 포즈를 붙여볼까요?

그동안 **안녕**하셨습니까?(1,2,3,4)

이렇게 **오랜만에** 만나 뵙게 되니 정말 **반갑습니다.**(1,2,3,4)

오늘 오랜만에 만난 **회포** 잘 나누시고 **즐거운 시간** 되십시오.
(1,2,3,4)

자 한번 해보세요! 간단하죠?

이렇게 세 가지만 기억한다면 여러분은 언제 어디서나 긴장하지 않고, 당황하지 않고, 멋진 스피치를 할 수 있답니다. 꼭 기억하세요!

자신의 말에 감동받아라!

정말 멋진 스피치를 하고 싶으시죠?

그런데 어떤 게 멋진 스피치일까 궁금하세요?

결론부터 말씀드리면 자신의 말이 스스로 재미있다 느껴야 좋은 스피치입니다. 재미있고 여기에 감동까지 얹어진다면 더할 나위 없을 만큼 완벽한 스피치가 되는 겁니다. 말을 하면서도 '아 내 말은 너무 재미없어. 아무도 안 들을 거야. 난 망했어. 내가 되겠어?'란 느낌으로 말하면 듣는 사람이 어떨까요? 그 마음의 상태가 다 느껴집니다.

몇 년 전 미국 아이비리그에 다니는 아주 똑똑한 청년이 면접 준비를 하러 온 적이 있었습니다. 하버드, 존스 홉킨스대 등 미국 최고의 의전원을 준비하는 학생이었습니다. 한국어도 아니고 영어 면접임에도 불구하고 왜 굳이 저를 찾아왔나 궁금했는데 말을 시켜보고 그 이유를 알았습니다.

성적으로는 자신보다 뛰어난 사람을 못 봤다고 자부하는 이 학생의 가장 결정적인 단점은 말을 할 때 상대를 쳐다보지 못한다는 것이었습니다. 말도 무슨 말인지 우물거려 명확히 알아듣기도 어려웠고요.

한마디로 성적으로는 세계 최고의 어느 대학병원도 다 갈 수 있지만 미국의 까다로운 면접은 짧게는 이틀에서 길게는 일주일간 생활하면서 지켜보기 때문에 단순한 면피용 대답 준비로는 힘든 것이었습니다.

우선 멀리서 온 성의를 생각해서 수업을 시작했지만 첩첩산중이었습니다. 가장 중요한, 자기가 왜 의사가 되려는지, 어떤 의사가 되고 싶은지에 대한 생각도 정리가 안 돼 있었습니다. 어려서부터 너무나 당연한 자신의 길이었기 때문에 그에 대한 고민이 전혀 없는 상태여서 딱 9일간의 레슨 시간 동안 3일간은 그의 인생스토리를 듣고 핵심을 뽑는 데 시간을 쏟아야 했습니다. 처음에는 돈 벌려고 의사가 되려 한다는 초등학생 같은 대답을 했던 그는 며칠 얘기를 나누면서 차츰 의사에 대해 동경을 가졌던 첫 마음을 기억해내기 시작했습니다.

고2 때 미국에 유학 와 얼마 되지 않았던 시기에 몸이 갑자기 아프기 시작했고 병원에 갔더니 아주 희귀한 병이란 진단을 받은 적이 있다고 했습니다. 그래서 그 병에 대해 자기가 인터넷을 통해 많은 조사를 해보고, 전문의를 찾다 보니 마침 한국에 아주 유명한 권위자가 있어 급히 나와서 수술을 받은 경험이 있었습니다. 완쾌돼 건강을 찾으면서 나도 누군가의 생명을 살릴 수 있는 사람이 되고 싶다는 간절한 소망이 생기면서 의사가 되기 위한 공부를 했던 것이었는데 시간이 지나면서 이를 잊고 있었던 것입니다.

그가 기억해낸 그 경험, 기억들로부터 자신을 찾게 되고, 자신의 과거, 현재, 미래를 말로 준비하다 보니 그는 하루하루 완전히 다른 사람으로 변해갔습니다. 물론 그 이후 그는 자신의 원하는 분야에 진학해 꿈을 향해 가고 있습니다.

내가 하고자 하는 말에 진정성과 진심이 담기면 제일 먼저 나 자신이 감동합니다.

말을 전달하는 데 있어서 '**내 말은 정말 재밌고, 사람들이 나의 말에 귀를 기울일 것이고, 내 얘기에 감동받을 거야**'란 생각은 정말 중요합니다.

여기에 하나 더!

'어떻게 하면 청중이 재미있게 들을까? 어떤 얘기에 관심을 가질까?' 입니다.

'어떻게 말할 것인가'에 대한 고민을 정말 수없이 해야 하며, '어떤 부분이 내가 강조하고 싶은 것인지 나는 이 내용 중 **어떤 내용을 전달하고 싶은지**'에 대한 철저한 분석이 있어야 합니다. 그리고 그 부분을 진심을 담은 감정으로 말할 수 있어야 합니다.

진정성이 들어 있고 그 진정성이 나타날 때 사람들은 감동합니다.

책 첫 페이지에서 자신의 목소리를 들어본 적 있냐는 질문으로 시작했습니다. 끊임없이 자신의 목소리에 귀 기울여 보시고 내 목소리에 진정성이 담겨있는지를 확인하며 말을 한다면, 진정성이 담겨있는 자신의 목소리를 들을 수 있을 것입니다.

지금부터 다시 공부해보실까요?

목소리로 어필하라

제1판 1쇄 발행 | 2018년 6월 15일
제1판 3쇄 발행 | 2022년 1월 3일

지은이 | 정보영
펴낸이 | 유근석
펴낸곳 | 한국경제신문*i*
기　획 | 이진아컨텐츠컬렉션
제　작 | (주)두드림미디어　디자인 | 얼앤똘비악earl_tolbiac@naver.com

주소 | 서울특별시 중구 청파로 463
기획출판팀 | 02-333-3577
E-mail | dodreamedia@naver.com
등록 | 제 2-315(1967. 5. 15)

ISBN 978-89-475-4368-2 03320